PRICE GUIDE TO LIONEL® TRAINS WITH INVENTORY CHECKLIST 1901-1942 & 1945-1987

By

BRUCE C. GREENBERG, Ph.D

**Edited and Revised by
Steven H. Kimball**

With the assistance of

**Lou Caponi, Charles C. Lang, Albert J. Rudman
and Roland LaVoie**

Copyright © 1987

**Greenberg Publishing Company, Inc.
7566 Main Street
Sykesville, MD 21784
(301) 795-7447**

Manufactured in the United States of America

All rights reserved. Reproduction in any form is strictly prohibited without the express written consent of the publisher, except for excerpts for review purposes.

Greenberg Publishing Company, Inc. offers the world's largest selection of Lionel®, American Flyer, LGB, Ives, and other toy train publications as well as a selection of books on model and prototype railroading, dollhouse miniatures, and toys. For a copy of our current catalogue, please send a large self-addressed stamped envelope.

Greenberg Shows, Inc. sponsors the world's largest public train, dollhouse, and toy shows. They feature extravagant operating model railroads for N, HO, O, Standard, and 1 Gauges as well as a huge marketplace for buying and selling nearly all model railroad equipment. The shows also feature, a large selection of dollhouses and dollhouse furnishings. Shows are currently offered in metropolitan Baltimore, Boston, Ft. Lauderdale, Cherry Hill and Wayne in New Jersey, Long Island in New York, Norfolk, Philadelphia, Pittsburgh, and Tampa. To receive our current show listing, please send a self-addressed stamped envelope marked "Train Show Schedule" to the address above.

ISBN: 0 80770 000-0

LIONEL® IS THE REGISTERED TRADEMARK OF THE LIONEL CORPORATION, NEW YORK, NY. Lionel trains are made by Lionel Trains, Inc. of Mount Clemens, Michigan. This book is neither authorized nor approved by Lionel Corporation.

INTRODUCTION

This **Pocket Guide** lists all major Lionel items by number only, for the years 1901-42 and 1945 - late 1987. The price quoted is for the most common variety of each item. Some varieties are worth considerably more, and some rare varieties are cited. For additional information, please consult the comprehensive guides: **Greenberg's Guide to Lionel Trains 1901-1942, Volumes I and II, Greenberg's Guide to Lionel Trains 1945-1969, Volumes I and II**, and **Greenberg's Guide to Lionel-Fundimensions Trains: 1970-1987**, all of which are described on the rear cover.

Dates cited are catalogued dates. If there is no catalogue date, production dates are listed if known.

We have provided five columns for each item. The first two columns give the current market values for Good and Excellent. The "Color" column is for recording the color or other distinguishing characteristics. The "Cond" column is for recording the condition of the piece. The "$" column is for recording your cost.

Values in the **Pocket Guide** are based on prices obtained at large train meets during late 1986 and on prices obtained from private transactions reported by our review panel.

If you have trains to sell and you sell them to a person planning to resell them, you will NOT obtain the prices reported in this book. Rather you may expect to receive about 50 percent of these prices. For your item to be of interest to such a buyer, he must buy it for considerably less than the price listed here.

Our studies of train prices indicate that mail order prices and store prices are generally higher than those obtained at train meets. This is quite appropriate given the costs and efforts of either running a retail establishment and/or producing and distributing a price list and packing and shipping trains.

Prices in the South and West are generally higher than those in the East as trains are less plentiful in these areas.

NOTES TO BUYERS

WE STRONGLY RECOMMEND THAT NOVICES DO NOT MAKE MAJOR PURCHASES WITHOUT THE ASSISTANCE OF FRIENDS WHO HAVE EXPERIENCE IN BUYING AND SELLING TRAINS.

Furthermore, extreme care should be exercised in the purchase of original prewar items which have been reproduced. Even though most reproductions were originally marked, in some cases these markings have been removed (it has been reported).

The same care needs to be exercised in the purchase of premium priced diesels. Nearly every rare diesel cab has been reproduced from an unpainted or commonly painted shell. For further information, consult **Greenberg's Guide to Lionel Trains 1945-69, Volumes I and II.**

This **Pocket Guide** involved the collaboration of many people who generously gave their time and knowledge. Only through such cooperative ventures can studies of this kind be carried out. It is impossible for one person to put together what the factory and the marketplace dispersed to the four corners of the country (or more properly to the basements and attics of enthusiasts throughout America). I can only express my deep appreciation to my fellow enthusiasts for their dedication to toy train research. This work is not finished. Fortunately, there is always more to be learned.

Bruce C. Greenberg

TABLE OF CONTENTS

SECTION I: PREWAR 1901-1942 6

SECTION II: POSTWAR 1945-1969 23

SECTION III: FUNDIMENSIONS 1970-1987 44

SECTION IV: COLLECTIBLES AND PAPER 77

This handy reference is divided into four major sections: Prewar, Postwar, Fundimensions, and Collectibles and paper. In the first three sections, production is listed numerically, using the item's catalogue number. In the Prewar section, equipment is also described by Gauge — either Standard, O, OO or 2 7/8. The Gauge type is within the parenthesis. To help you use this Guide, the edges of the pages are edged in black to correspond with each of the four sections.

If you cannot find an item or believe an item has been erroneously described or priced, please let us know. We are always glad to receive corrections or additions.

RAILROAD NAME ABBREVIATIONS

ACL — Atlantic Coast Line
ALASK — Alaskan
AT&SF — Atcheson, Topeka and Santa Fe
BAR — Boston and Aroostock
B&M — Boston and Maine
B&O — Baltimore and Ohio
CP — Canadian Pacific
C&O — Chesapeake & Ohio
D&T — Detroit and Toledo
DM&IR — Duluth, Missabe and Iron Range
GN — Great Northern
JC — Jersey Central
L&N — Louisville and Nashville
LV — Lehigh Valley
MNS — Minneapolis, Northfield & Southern
MP — Missouri Pacific
NKP — Nickel Plate Road
PFE — Pacific Fruit Express
P&LE — Pittsburgh and Lake Erie
PRR — Pennsylvania Railroad
SP — Southern Pacific type
T&P — Texas and Pacific
UP — Union Pacific
WP — Western Pacific

ABBREVIATIONS

The following is a list of abbreviations used throughout this Pocket Guide:

A — diesel A unit
AA — 2 diesel A units
acc. — accessory
Alco — diesel type
Alco A — diesel type
Alco FA-2A — diesel type
Alco FA-2B — diesel type
Appro. — Approaches
B — Diesel B unit
Bagg. — Baggage
Bobber — caboose type
Box. — Boxcar
Budd RDC — diesel-powered passenger unit
B/W — bay window
C.V. — Commodore Vanderbilt
Cab — Caboose
cata. — catalogue
cent. — central
chem. — chemical
Comb. — Combine
cont. — control
Conv. — Conversion
dome — Vista Dome
d.p.d.t. — double-pole, double-throw switches
dir — direct
dum. — dummy
elec. — electric
electr. — electronic
EP — electric type loco
Exp. — Express
Ext. Vis. — extended vision
F3-A — diesel type
F3-B — diesel type
Flat — Flatcar
GG1 — electric type loco
Gen. — General, steam type
Gon. — Gondola
GP-7 — diesel type
GP-9 — diesel type
GP-20 — diesel type
Hi-cube — boxcar type
Hop. — Hopper
Ins. — Insulated
lett. — lettering
Man. — Manual
NW-2 — diesel type

O — Lionel Gauge (1-1/4" between outside rails)
OO — Lionel Gauge (3/4" between outside rails)
Obs. — Observation
oper. — operating
or. — orange
Pass. — Passenger
pow. — powered
Pull. — Pullman
Quad — Quadhopper
R.C. — Remote Control
rect. — rectifier
rectifier — electric type loco
refrig. — Refrigerator
rem. — remote
rnd. — round
SD9 — diesel type
SD18 — diesel type
SD28 — diesel type
SD40 — diesel type caboose
Sta. — Station
Std. — Standard Gauge (2-1/8" between outside rails)
steam. — steam engine
tdr. — tender
trans. — transformer
uncat. — uncatalogued
U36B — diesel type
U36C — diesel type
V.D. — Vista Dome
whl. — wheel
x-fmr. — Transformer
yel. — yellow
1-D — one dome
2-D — two dome
3-D — three dome
0-4-0 — wheel arrangement
0-6-0 — wheel arrangement
2-4-0 — wheel arrangement
2-4-2 — wheel arrangement
4-4-0 — wheel arrangement
4-6-4 — wheel arrangement
2-7/8" — early Lionel Gauge 1901-1905

NOTE: Steam engines are powered
Train Master engines are powered

*Refers to excellent reproductions have been made

DEFINITIONS

This **Pocket Guide** lists prices for Prewar and Postwar Trains as GOOD and EXCELLENT; the prices shown for Fundimensions Trains are for EXCELLENT and MINT. Prices for restored pieces fall between Good and Excellent depending on the item. Mint pieces bring a substantial premium over Excellent pieces. Fair pieces bring substantially less than Good and Excellent pieces.

Trains and related items are usually classified by condition. The first five categories, listed below, are defined by the Train Collectors Association (TCA) as:

FAIR — well-scratched, chipped, dented, rusted, or warped.
GOOD — scratched, dirty, with small dents.
VERY GOOD — few scratches, no dents or rust, exceptionally clean.
EXCELLENT — minute scratches or nicks, no dents or rust.
LIKE-NEW — between Excellent and Mint
MINT brand-new, absolutely unmarred, unused in original box.
RESTORED — we define as professionally refinished with a color that approximates the original finish. Trim and ornamentation are present and in like-new condition. The finish appears in like-new condition.
REPRODUCTION — is a product intended to closely resemble the original item. It may or may not be marked as such, but should be so marked. Reproductions are currently available for many desirable items.

NRS means that we do not know the market value of the item. The item may be very scarce and bring a substantial premium over items in its general class or it may be relatively common but unnoticed. Usually NRS listings occur when an item is first reported, although we are still discovering relatively common variations that have not been previously reported. If you have information about the value of an NRS item, please write to us.

NA means that the item is new and we have yet to establish its value.

In the toy train field there is a great deal of concern with exterior appearance and less concern with operation. If operation is important to you, you should ask the seller if the train runs. If the seller indicates that he does not know whether the equipment operates, you should test it. Most train meets provide test tracks for this purpose.

Numbers that have been put in parentheses by us do not appear on the items.

No number means the item may have lettering but lacks an item number.
No lettering means the item has no lettering or number on the car.

SECTION I
PREWAR

		Good	Exc	Color	Cond	$
001	Steam, 4-6-4, (OO), 1938-42	120	225	——	——	——
1	Bild-A-Motor, 1928-31	60	125	——	——	——
1	Trolley, 1906-08, (Standard), 1910*	1000	2000	——	——	——
002	Steam, 4-6-4, (OO), 1939-42	100	200	——	——	——
2	Bild-A-Motor, 1928-31	60	125	——	——	——
2	Countershafting, 1904-11	NRS	NRS	——	——	——
2	Trolley, (Standard), 1906, 1908-16*	900	2000	——	——	——
003	Steam, 4-6-4, (OO), 1939-42	130	250	——	——	——
3	Trolley, (Standard), 1906-13	1300	2700	——	——	——
004	Steam, 4-6-4, (OO), 1939-42	110	225	——	——	——
4	Electric, 0-4-0, (OO), 1928-32	450	700	——	——	——
4	Trolley, (Standard), 1906-12	3000	5000	——	——	——
4U	#4 Kit form, (O), 1928-29	800	1100	——	——	——
5	Steam, 0-4-0, (Standard), 1906-26	400	700	——	——	——
6	Steam, 4-4-0, (Standard), 1906-23	800	1200	——	——	——
7	Steam, 4-4-0, (Standard), 1910-23*	1800	2800	——	——	——
8	Electric, 0-4-0, (Standard), 1925-32	80	160	——	——	——
8	Trolley, (Standard), 1908-09*	3000	5000	——	——	——
8E	Electric, 0-4-0, (Standard)	80	160	——	——	——
9	Electric, 0-4-0, (Standard), 1929*	1200	2000	——	——	——
9	Trolley, (Standard), 1909	3000	5000	——	——	——
9E	Electric, 0-4-0, (Std.), 1928-30*	600	1700	——	——	——
9U	Electric, 0-4-0, (Std.), 1928-29	700	1500	——	——	——
10	Electric, 0-4-0, (Standard), 1925-29	75	160	——	——	——
10	Interurban, (Std.), 1910-12	800	1500	——	——	——
10E	Electric, 0-4-0, (Standard), 1926-36	75	165	——	——	——
011	Switches, pair, (O), 1933-37	20	40	——	——	——
11	Flatcar, (Standard), 1906-26	32	50	——	——	——
012	Switches, pair, (O), 1927-33	12	30	——	——	——
12	Gondola, (Standard), 1906-26	32	50	——	——	——
013	Pair 012 Switches, 439 Panel Board	55	125	——	——	——
13	Cattle Car, (Standard), 1906-26	50	80	——	——	——
0014	Boxcar, (OO), 1938-42	25	50	——	——	——
14	Boxcar, (Standard), 1906-26	40	70	——	——	——
0015	Tank Car, (OO), 1938-42	25	50	——	——	——
15	Oil Car, (Standard), 1906-26	32	50	——	——	——
0016	Hopper Car, (OO), 1938-42	35	75	——	——	——
16	Ballast Dump Car, (Std.), 1906-26	32	50	——	——	——
0017	Caboose, (OO), 1938-42	25	50	——	——	——
17	Caboose, (Standard), 1906-26	32	50	——	——	——
18	Pullman, (Standard), 1906-27	80	125	——	——	——
19	Combine, (Standard), 1906-26	80	125	——	——	——
020	90° Crossover, (O), 1915-42	2	5	——	——	——
020X	45° Crossover, (O), 1917-42	3	7	——	——	——
20	90° Crossover, (Standard)	2	5	——	——	——
20	Direct current reducer, 1906	NRS	NRS	——	——	——
20X	45° Crossover, (Std.), 1928-32	3	7	——	——	——

*Excellent reproductions have been made.

	Good	Exc	Color	Cond	$
021 Switches, pair, (O), 1915-37	8	20	——	——	——
21 Switches, pair, (Standard), 1915-25	10	20	——	——	——
21 90° Crossovers, (Standard), 1906	7	15	——	——	——
022 Switches, pair, Remote, (O), 1938-42	15	30	——	——	——
22 Switches, pair, (Standard), 1906-25	10	25	——	——	——
023 Bumper, (O), 1915-33	5	10	——	——	——
23 Bumper, (Standard), 1906-23	5	10	——	——	——
0024 Boxcar, PRR, (OO), 39-42	25	50	——	——	——
24 Railway Station, (Standard), 1906	200	400	——	——	——
025 Bumper, (O), 1928-42	7	15	——	——	——
0025 Tank Car, (OO), 1939-42	25	50	——	——	——
25 Open Station, 1906	NRS	NRS	——	——	——
25 Bumper, (Standard), 1927-42	7	15	——	——	——
26 Passenger Bridge, 1906	50	100	——	——	——
27 Lighting Set, 1911-23	7	15	——	——	——
27 Station, (Standard), 1909-12	250	500	——	——	——
28 Double Station w/Dome, 1909-12	500	1000	——	——	——
29 Day Coach, (Standard), 1909-27	375	600	——	——	——
31 Combine, (Standard), 1921-25	60	85	——	——	——
32 Mail Car, (Standard), 1921-25	60	85	——	——	——
32 Miniature Figures, 1909-18	—	75	——	——	——
33 Electric, 0-6-0, Early, (Std.), 1912	250	600	——	——	——
33 Elec., 0-4-0, Later, (Std.), 1913-24	60	125	——	——	——
34 Electric, 0-6-0, (Standard), 1912	450	900	——	——	——
34 Electric, 0-4-0, (Standard), 1913	175	400	——	——	——
35 Boulevard Lamp, 6-1/8" high, 1940-42	10	25	——	——	——
35 Pullman, first series, (Standard), 1912-13	80	100	——	——	——
35 Pullman, second series, (Standard)	30	50	——	——	——
35 Pullman, third series, (Standard)	30	40	——	——	——
36 Observation, first series, (Std.)	85	100	——	——	——
36 Observation, second series, (Std.)	35	50	——	——	——
36 Observation, third series, (Std.)	30	40	——	——	——
38 Electric, 0-4-0, (Standard), 1913-24	70	125	——	——	——
41 Accessory Contactor, 1937-42	.40	.80	——	——	——
042 Switches, pair, (O), 1938-42	15	30	——	——	——
42 Electric, 0-4-4-0, square hood, (Standard), 1912	900	1500	——	——	——
42 Electric, 0-4-4-0, round hood, (Standard), 1913-23	200	450	——	——	——
043/43 Bild-A-Motor Gear Set, 1929	30	50	——	——	——
43 Boat, Runabout, 1933-36, 39-41	200	350	——	——	——
0044 Boxcar, (OO), 1939-42	25	50	——	——	——
0044K Boxcar Kit, (OO), 1939-42	50	100	——	——	——
44 Boat, Speedster, 1935-36	200	400	——	——	——
45/045/45N Automatic Gateman, 1935-42	15	30	——	——	——
0045 Tank Car, (OO), 1939-42	25	50	——	——	——
0045K Tank Car Kit, (OO), 1939-42	50	100	——	——	——
0046 Hopper Car, (OO), 1939-42	25	50	——	——	——

	Good	Exc	Color	Cond	$
0046K Hopper Car Kit, (OO), 1939-42	40	75	—	—	—
46 Crossing Gate, 1939-42	30	75	—	—	—
0047 Caboose, (OO), 1939-42	25	50	—	—	—
0047K Caboose, Kit, (OO), 1939-42	50	100	—	—	—
47 Crossing Gate, 1939-42	35	75	—	—	—
48W Whistle Station, 1937-42	10	20	—	—	—
49 Lionel Airport, 1937-39	60	150	—	—	—
50 Airplane, 1936	60	150	—	—	—
→50 Electric, 0-4-0, (Standard), 1924	80	150	—	—	—
50 Cardboard train, cars and accessories, (O), 1943*	200	300	—	—	—
51 Steam, 0-4-0, 5 Late, eight-wheel tender, (Standard)	500	850	—	—	—
51 Lionel Airport, 1936, 1938	60	150	—	—	—
52 Lamp Post, 1933-41	30	60	—	—	—
53 Elec., 0-4-4-0, Early, (Std.), 1912-14	800	1700	—	—	—
53 Electric, 0-4-0, Later, (Standard)	450	800	—	—	—
53 Electric, 0-4-0, Latest, (Std.), 1920-21	150	400	—	—	—
53 Lamp Post, 1931-42	20	35	—	—	—
54 Electric, 0-4-4-0, Early, (Std.), 1912*	2500	3500	—	—	—
54 Elec., 0-4-4-0, Late, (Std.), 1913-23	1500	2400	—	—	—
54 Lamp Post, 1929-35	20	35	—	—	—
55 Airplane with stand, 1937-39	120	250	—	—	—
56 Lamp Post, removable lens and cap, 1924-42	15	30	—	—	—
57 Lamp Post, w/street names, 1922-42	20	40	—	—	—
58 Lamp Post, 7-3/8" high, 1922-42	10	25	—	—	—
59 Lamp Post, 8-3/4" high, 1920-36	15	30	—	—	—
60/060 Telegraph Post, (Std., O)	2	6	—	—	—
60 Elec., 0-4-0, F.A.O.S., (Standard)	—	2000	—	—	—
61 Electric, 0-4-4-0, F.A.O.S., (Std.)	—	2400	—	—	—
61 Lamp Post, one globe, 1914-36	15	30	—	—	—
62 Electric, 0-4-0, F.A.O.S., (Standard)	—	2000	—	—	—
62 Semaphore, 1920-32	10	25	—	—	—
63 Lamp Post, two globes, 1933-42	100	150	—	—	—
63 Semaphore, 1915-21	10	25	—	—	—
64 Lamp Post, 1940-42	12	30	—	—	—
64 Semaphore, 6-3/4" high, 1915-21	11	25	—	—	—
65 Semaphore, one-arm, 1915-26	11	25	—	—	—
65 Whistle, 1935 only	2	3	—	—	—
66 Semaphore, two-arm, 1915-26	11	30	—	—	—
66 Whistle Controller, 1936-39	2	3	—	—	—
67 Lamp Post, 1915-32	30	60	—	—	—
67 Whistle Controller, 1936-39	2	3	—	—	—
68/068 Crossing Sign	1	2	—	—	—
69/069/69N Elec. Warning Signal, 1921-42	11	25	—	—	—
70 Outfit: 2-No. 62, 1-No. 59, 1-No. 68	25	75	—	—	—
071 (6) 060 Telegraph Poles, (O), 1924-42	50	100	—	—	—

*Excellent reproductions have been made.

		Good	Exc	Color	Cond	$
71	(6) 60 Telegraph Poles, (Std.)	50	100	——	——	——
0072	Switches, pair, (OO), 1938-42	30	60	——	——	——
0074	Boxcar, (OO), 1939-42	25	50	——	——	——
0075	Tank Car, (OO), 1939-42	25	50	——	——	——
076/76	Block Signal, 1923-28	15	40	——	——	——
76	Warning Bell and Shack, 1939-42	60	150	——	——	——
0077	Caboose, (OO), 1939-42	25	50	——	——	——
77/077/77N	Auto. Crossing Gate, 1923-39	15	30	——	——	——
78/078	Train Signal, (Std.), 1924-32	20	60	——	——	——
79	Flashing Signal, 1928-40	30	60	——	——	——
80/080/80N	Semaphore, (Std.), 1926-42	25	60	——	——	——
80	Automobile, 1912-16	600	1100	——	——	——
81	Crossing Signal, 1927-33	1	3	——	——	——
81	Automobile, 1912-16	600	1100	——	——	——
82/082/82N	Semaphore, 1927-42	35	75	——	——	——
83	Flashing Traffic Signal, 1927-42	35	75	——	——	——
084	Semaphore, 1928-32	30	65	——	——	——
84	Semaphore, 1927-32	30	65	——	——	——
84	2 Automobiles	1200	2200	——	——	——
85	Telegraph Pole, (Std.), 1929-42	4	10	——	——	——
85	2 Automobiles	1300	2500	——	——	——
86	6 Telegraph Poles, 1929-42	45	100	——	——	——
87	Flashing Crossing Signal, 1927-42	35	75	——	——	——
88	Battery Rheostat, 1915-27	1	3	——	——	——
88	Rheostat Controller, 1933-42	1	3	——	——	——
89	Flag Pole, 1923-34	8	20	——	——	——
90	Flag Pole, 1927-42	15	35	——	——	——
91	Circuit Breaker, 1930-42	7	15	——	——	——
092	Signal Tower, 1923-27	40	85	——	——	——
92	Floodlight Tower, 1931-42	70	150	——	——	——
93	Water Tower, 1931-42	15	35	——	——	——
94	High Tension Tower, 1932-42*	70	150	——	——	——
95	Controlling Rheostat, 1934-42	1	3	——	——	——
96	Coal Elevator, Manual, 1938-40	70	150	——	——	——
097	Telegraph Set, (O)	35	60	——	——	——
97	Coal Elevator, 1938-42	70	150	——	——	——
98	Coal Bunker, 1938-40	90	200	——	——	——
99/099/99N	Train Control, 1932-42	30	75	——	——	——
100	Electric Locomotive (2-7/8")*	1500	2000	——	——	——
100	Trolley, 1910, 1912-15	1000	2000	——	——	——
100	2 Bridge Approaches, (Std.), 1920-31	10	20	——	——	——
100	Wooden Gondola (2-7/8"), 1901	NRS	NRS	——	——	——
101	Bridge Span, two Approaches, (Standard), 1920-31	15	40	——	——	——
101	Summer Trolley, (Std.), 1910	800	1800	——	——	——
102	2 Bridge Spans, 2 Appro., (Std.), 20-31	25	60	——	——	——
103	Bridge, (Standard), 13-16	10	25	——	——	——
103	3 Bridge Spans, 2 Appro., (Std.), 20-31	45	100	——	——	——
104	Bridge Span, (Standard), 1920-31	5	10	——	——	——

*Excellent reproductions have been made.

		Good	Exc	Color	Cond	$
104	Tunnel, (Standard), 1909-14	30	75	——	——	——
105	Bridge, (Standard), 1911-14	10	25	——	——	——
105	2 Bridge Approaches, (O), 1920-31	5	10	——	——	——
106	Bridge Span, 2 Appr., (O), 1920-31	10	25	——	——	——
107	Dir. current reducer, 110 volts, 23-32	3	7	——	——	——
108	2 Bridge Spans, 2 Appro., (O), 1920-31	20	50	——	——	——
109	3 Bridge Spans, 2 Appro., (O), 1920-32	25	60	——	——	——
109	Tunnel, (Standard), 1913-14	17	35	——	——	——
110	Bridge Span, (O), 1920-31	5	10	——	——	——
111	Box of 50 Bulbs, 1920-31	—	100	——	——	——
112	Gondola, (Standard), 1910-26	35	55	——	——	——
112	Station, 1931-35	80	175	——	——	——
113	Cattle Car, (Standard), 1912-26	35	55	——	——	——
113	Station, 1931-34	95	200	——	——	——
114	Boxcar, (Standard), 1912-26	40	60	——	——	——
114	Station, 1931-34	450	1000	——	——	——
115	Station, 1935-42	100	200	——	——	——
116	Station, 1935-42*	450	1000	——	——	——
116	Ballast Car, (Standard), 1910-26	35	55	——	——	——
117	Caboose, (Standard), 1912-26	35	60	——	——	——
117	Station, 1936-42	75	150	——	——	——
118	Tunnel, (O), 8" long, 1922-32	7	15	——	——	——
118L	Tunnel, 8" long, 1927	9	20	——	——	——
119	Tunnel, 12" long, 1920-42	7	15	——	——	——
119L	Tunnel, 12" long, 1927-33	9	20	——	——	——
120	Tunnel, 17" long, 1922-27	18	35	——	——	——
120L	Tunnel, 1927-42	25	45	——	——	——
121	Station, (Standard), 1909-16	80	200	——	——	——
121	Station, (Standard), 1920-26	50	100	——	——	——
121X	Station, (Standard), 1917-19	80	200	——	——	——
122	Station, (Standard), 1920-30	45	100	——	——	——
123	Station, (Standard), 1920-23	45	100	——	——	——
123	Tunnel, 18-1/2" long, (O), 1933-42	25	60	——	——	——
124	Station, "Lionel City", 1920-36*	45	100	——	——	——
125	Station, "Lionelville", 1923-25	50	100	——	——	——
125	Track Template, 1938	1	3	——	——	——
126	Station, "Lionelville", 1923-36	50	100	——	——	——
127	Station, "Lionel Town", 1923-36	35	75	——	——	——
128	Station and Terrace, 1928-42*	500	1100	——	——	——
129	Terrace, 1928-42*	450	900	——	——	——
130	Tunnel, 26" long, 1920-36	120	250	——	——	——
130L	Tunnel, 26" long, 1927-33	120	250	——	——	——
131	Corner Display, 1924-28	70	200	——	——	——
132	Corner Grass Plot, 1924-28	70	200	——	——	——
133	Heart Shaped Plot, 1924-28	70	200	——	——	——
134	Oval Shaped Plot, 1924-28	70	200	——	——	——
134	Station, "Lionel City", with stop, 1937-42	140	250	——	——	——
135	Circular Plot, 1924-28	70	200	——	——	——

*Excellent reproductions have been made

		Good	Exc	Color	Cond	$
136	Large Elevation, 1924-28	NRS	NRS	—	—	—
136	Station, "Lionelville", with stop, 1937-42	60	100	—	—	—
137	Station, with stop, 1937-42	40	85	—	—	—
140L	Tunnel, 37" long, 1927-32	190	400	—	—	—
150	Electric, 0-4-0, Early, (O), 1917	65	90	—	—	—
150	Electric, 0-4-0, Late, (O), 1918-25	65	100	—	—	—
152	Electric, 0-4-0, (O), 1917-27	40	60	—	—	—
152	Crossing Gate, 1940-42	9	20	—	—	—
153	Block Signal, 1940-42	7	15	—	—	—
153	Electric, 0-4-0, (O), 1924-25	60	90	—	—	—
154	Electric, 0-4-0, (O), 1917-23	75	125	—	—	—
154	Highway Signal, 1940-42	7	15	—	—	—
155	Freight Shed, 1930-42*	90	200	—	—	—
156	Electric, 4-4-4, (O), 1917-23	375	500	—	—	—
156	Electric, 0-4-0, (O), 1917-23	350	500	—	—	—
156	Station Platform, 1939-42	12	25	—	—	—
156X	Electric, 0-4-0, (O), 1923-24	325	450	—	—	—
157	Hand Truck, 1930-32	15	30	—	—	—
158	Electric, 0-4-0, (O), 1923-24	60	100	—	—	—
158	(2) 156 and (1) 136, 1940-42	75	150	—	—	—
159	Block Actuator, 1940	10	25	—	—	—
161	Baggage Truck, 1930-32	20	50	—	—	—
162	Dump Truck, 1930-32	22	50	—	—	—
163	(2) 157 Hand Trucks, one 162 Dump, and one 160 Baggage, 1930-42	90	200	—	—	—
164	Log Loader, 1940-42	70	150	—	—	—
165	Magnetic Crane, 1940-42	70	150	—	—	—
166	Whistle Controller, 1940-42	2	3	—	—	—
167	Whistle Controller, 1940-42	2	3	—	—	—
167X	Whistle Controller, (OO), 1940-42	2	3	—	—	—
169	Controller, 1940-42	1	3	—	—	—
170	Dir. current reducer, 220 volts, 1914-38	2	4	—	—	—
171	DC to AC Inverter, 110 volts, 36-42	2	4	—	—	—
172	DC to AC Inverter, 229 volts, 39-42	2	4	—	—	—
180	Pullman, (Standard), 1911-21	80	100	—	—	—
181	Combine, (Standard), 1911-21	80	100	—	—	—
182	Observation, (Standard), 1911-21	80	100	—	—	—
184	Bungalow, illuminated, 1923-32	25	40	—	—	—
185	Bungalow, 1923-24	17	40	—	—	—
186	(5) 185 Bungalows, 1923-32	140	300	—	—	—
186	Log Loader Outfit, 1940-41	100	200	—	—	—
187	(5) 185 Bungalows, 1923-24	140	300	—	—	—
188	Elevator and Car set, 1938-41	90	200	—	—	—
189	Villa, illuminated, 1923-32	55	125	—	—	—
190	Observation, (Std.), 1914-18, 23-27	90	125	—	—	—
191	Villa, illuminated, 1923-32	55	125	—	—	—
192	Illuminated Villa Set: 191 Villa, 189 Villa, two 184 Bungalows, 1927-32	190	400	—	—	—

*Excellent reproductions have been made

		Good	Exc	Color	Cond	$
193	Accessory Set, 1927-29	140	300	—	—	—
194	Accessory Set, 1927-29	140	300	—	—	—
195	Terrace, 1927-30	275	600	—	—	—
196	Accessory Set, 1927	150	300	—	—	—
200	Electric Express, (2-7/8"), 1903*	1200	1500	—	—	—
200	Turntable, 1928-33	75	150	—	—	—
200	Wooden Gondola (2-7/8"), 1902	NRS	NRS	—	—	—
200	Trailer, matches #2 Trolley, (Std.)	NRS	NRS	—	—	—
201	Steam, 0-6-0, (O), 1940-42	325	600	—	—	—
202	Summer Trolley, 1910-13	800	2400	—	—	—
203	0-4-0, Armored Loco, (O), 1917-21	—	100	—	—	—
203	Steam, 0-6-0, (O), 1940-42	275	425	—	—	—
204	Steam, 2-4-2, (O), 1940	30	65	—	—	—
205	Merchandise Containers, 1930-38	120	250	—	—	—
206	Sack of Coal, 1938-42	5	15	—	—	—
208	Tool Set, 1934-42	30	75	—	—	—
0209	Barrels, 1934-42	6	15	—	—	—
209	Wooden Barrels, 1934-42	4	10	—	—	—
210	Switches, pair, (Std.), 1926, 1934-42	10	25	—	—	—
211	Flatcar, (Standard), 1926-40	60	80	—	—	—
212	Gondola, (Standard), 1926-40	75	100	—	—	—
213	Cattle Car, (Standard), 1926-40	125	175	—	—	—
214	Boxcar, (Standard), 1926-40*	150	250	—	—	—
214R	Refrigerator Car, (Std.), 1929-40*	375	550	—	—	—
215	Tank Car, (Standard), 1926-40*	120	150	—	—	—
216	Hopper Car, (Standard), 1926-38*	175	250	—	—	—
217	Caboose, (Standard), 1926-40*	120	150	—	—	—
217	Lighting Set, 1914-23	NRS	NRS	—	—	—
218	Dump Car, (Standard), 1926-38	160	200	—	—	—
219	Crane, (Standard), 1926-40	100	150	—	—	—
220	Floodlight Car, (Std.), 1931-40	200	275	—	—	—
220	Switches, pair, (Std.), 1926	10	25	—	—	—
222	Switches, pair, (Std.), 1926-32	20	40	—	—	—
223	Switches, pair, (Std.), 1932-42	30	75	—	—	—
224/224E	Steam, 2-6-2, (O), 1938-42	60	100	—	—	—
225	222 Switches and 439 Panel, 1929-32	75	150	—	—	—
225/225E	Steam, 2-6-2, (O), 1938-42	150	200	—	—	—
226/226E	Steam, 2-6-4, (O), 1938-41	300	450	—	—	—
227	Steam Switcher, 0-6-0, (O), 1939-42	600	800	—	—	—
228	Steam Switcher, 0-6-0, (O), 1939-42	600	850	—	—	—
229	Steam Switcher, 2-4-2, (O), 1939-42	35	50	—	—	—
230	Steam Switcher, 0-6-0, (O), 1939-42	700	1100	—	—	—
231	Steam Switcher, 0-6-0, (O), 1939	700	1100	—	—	—
232	Steam Switcher, 0-6-0, (O), 1930	700	1100	—	—	—
233	Steam Switcher, 0-6-0, (O), 1940-42	700	1100	—	—	—
238/238E	Steam, 4-4-2, (O), 1936-38	150	225	—	—	—
248	Electric, 0-4-0, (O), 1926-32	60	100	—	—	—
249/249E	Steam, 2-4-2, (O), 1936-37	125	175	—	—	—

*Excellent reproductions have been made.

		Good	Exc	Color	Cond	$
250E	Steam, Hiawatha, 0-4-0, (O), 1935-42*	600	1000	—	—	—
250	Electric, 0-4-0, Early, (O), 1926	100	150	—	—	—
250	Electric, 0-4-0, Late, (O), 1934	100	150	—	—	—
251	Electric, 0-4-0, (O), 1925-32	175	250	—	—	—
251E	Electric, 0-4-0, (O), 1927-32	175	250	—	—	—
252	Electric, 0-4-0, (O), 1926-32	75	100	—	—	—
252E	Electric, 0-4-0, (O), 1933-35	90	125	—	—	—
253	Electric, 0-4-0, (O), 1924-32	80	125	—	—	—
253E	Electric, 0-4-0, (O), 1931-36	75	125	—	—	—
254	Electric, 0-4-0, (O), 1924-32	80	175	—	—	—
254E	Electric, 0-4-0, (O), 1927-34	70	150	—	—	—
255E	Steam, 2-4-2, (O), 1935-36	400	600	—	—	—
256	Electric, 0-4-4-0, (O), 1924-30*	375	600	—	—	—
257	Steam, 0-4-0, (O), 1930	65	150	—	—	—
258	Steam, 2-4-0 Early, (O), 1930	65	150	—	—	—
258	Steam, 2-4-2, Late, (O), 1941	35	50	—	—	—
259	Steam, 2-4-2, (O), 1932	50	80	—	—	—
259E	Steam, 2-4-2, (O), 1933-34, 1936-38	45	60	—	—	—
260E	Steam, 2-4-2, (O), 1930-35	300	400	—	—	—
261	Steam, 2-4-2, (O), 1931	120	175	—	—	—
261E	Steam, 2-4-2, (O), 1935	150	200	—	—	—
262	Steam, 2-4-2, (O), 1931-32	90	135	—	—	—
262E	Steam, 2-4-2, (O), 1933-34	110	175	—	—	—
263E	Steam, 2-4-2, (O), 1936-39	300	450	—	—	—
264E	Steam, 2-4-2, (O), 1935-36	110	200	—	—	—
265E	Steam, 2-4-2, (O), 1935-39	120	180	—	—	—
270	Bridge, 10" long, (O), 1931-42	12	20	—	—	—
270	Lighting Set, 1915-23	NRS	NRS	—	—	—
271	(2) 270 Spans, (O), 1931-33, 1935-40	25	60	—	—	—
271	Lighting Set, 1915-23	NRS	NRS	—	—	—
272	(3) 270 Spans, (O), 1931-33, 1935-40	25	60	—	—	—
280	Bridge, 14" long, (Std.), 1931-42	15	25	—	—	—
281	(2) Bridge Spans, (Std.), 1931-33, 35-40	25	50	—	—	—
282	(3) Bridge Spans, (Std.), 1931-33, 35-40	40	75	—	—	—
289E	Steam, 2-4-2, (O), 1937	125	175	—	—	—
300	Elec. Trolley Car, (2-7/8"), 1903-05	1700	2200	—	—	—
300	Hell Gate Bridge, (Std.), 1928-42*	350	850	—	—	—
301	Batteries, (2-7/8"), 1903-05	NRS	NRS	—	—	—
303	Summer Trolley, (2-7/8")	1500	3000	—	—	—
308	5 Signs, (O), 1940-42	6	15	—	—	—
309	Elec. Trolley Trailer, (2-7/8"), 04-05	1700	2200	—	—	—
309	Pullman, (Standard), 1924-39	70	150	—	—	—
310	Baggage, (Standard), 1924-39	70	150	—	—	—
310	Rails and Ties, complete section, (2-7/8"), 1903-05	NRS	NRS	—	—	—
312	Observation, (Standard), 1924-39	70	150	—	—	—
313	Bascule Bridge, (O), 1940-42	140	300	—	—	—
314	Girder Bridge, (O), 1940-42	6	15	—	—	—

*Excellent reproductions have been made.

		Good	Exc	Color	Cond	$
315	Trestle Bridge, (O), 1940-42	20	40	—	—	—
316	Trestle Bridge, (O), 1940-42	10	30	—	—	—
318	Electric, 0-4-0, (Standard), 1924-32	110	225	—	—	—
318E	Electric, 0-4-0, (Standard), 1926-35	110	225	—	—	—
319	Pullman, (Standard), 1924-27	70	100	—	—	—
320	Baggage, (Standard), 1925-27	70	100	—	—	—
320	Turnout, (2-7/8"), 1903-05	NRS	NRS	—	—	—
322	Observation, (Standard), 1924-27	70	100	—	—	—
330	Crossing, 90°, (2-7/8"), 1903-05	NRS	NRS	—	—	—
332	Baggage, (Standard), 1929	45	75	—	—	—
337	Pullman, (Standard), 1925-32	45	75	—	—	—
338	Observation, (Standard)	45	75	—	—	—
339	Pullman, (Standard), 1925-33	45	75	—	—	—
340	Suspension Bridge, (2-7/8"), 1903-05	NRS	NRS	—	—	—
341	Observation, (Standard), 1925-33	45	75	—	—	—
350	Track Bumper, (2-7/8"), 1903-05	20	35	—	—	—
370	Jars and Plates, (2-7/8"), 1903-05	NRS	NRS	—	—	—
380	Electric, 0-4-0, (Standard), 1923-27	250	400	—	—	—
380	Elevated Pillars, (2-7/8"), 1903-05	30	50	—	—	—
➛ 380E	Electric, 0-4-0, (Standard), 1926-28	250	400	—	—	—
381	Electric, 4-4-4, (Standard), 1928-29*	1500	3500	—	—	—
381E	Electric, 4-4-4, (Std.), 1928-36*	1200	2250	—	—	—
381U	Electric, 4-4-4, (Std.), 1928-29*	1600	3800	—	—	—
384	Steam, 2-4-0, (Standard), 1930-32	300	400	—	—	—
384E	Steam, 2-4-0, (Standard), 1930-32	300	410	—	—	—
385E	Steam, 2-4-2, (Standard), 1933-39	450	675	—	—	—
390	Steam, 2-4-2, (Standard), 1929	450	750	—	—	—
390E	Steam, 2-4-2, (Standard), 1929-31	450	650	—	—	—
392E	Steam, 4-4-2 (Standard), 1932-39	650	1000	—	—	—
400	Express Trail Car, (2-7/8"), 1903	1000	1200	—	—	—
400E	4-4-4, Steam, (Standard), 1931-40*	1200	1800	—	—	—
402	Electric, 0-4-4-0, (Standard), 1923-27	300	450	—	—	—
402E	Electric, 0-4-4-0, (Std.), 1926-29	325	475	—	—	—
408E	Electric, 0-4-4-0, (Std.), 1927-36*	500	1000	—	—	—
412	Pullman, "California", (Std.), 29-35*	850	1500	—	—	—
413	Pullman, "Colorado", (Std.), 1929-35*	850	1500	—	—	—
414	Pullman, "Illinois", (Std.), 1929-35*	975	1800	—	—	—
416	Obs., "New York", (Std.), 1929-35*	850	1500	—	—	—
418	Pullman, (Standard), 1923-32*	175	250	—	—	—
419	Combination, (Standard), 1923-32*	175	250	—	—	—
420	Pullman, "Faye", (Std.), 1930-40*	525	850	—	—	—
421	Pullman, "Westphal", (Std.), 30-40*	525	850	—	—	—
422	Obs., "Tempel", (Std.), 1930-40	525	850	—	—	—
424	Pullman, (Standard), 1931-40	325	500	—	—	—
425	Pullman, (Standard), 1931-40	325	500	—	—	—
426	Observation, (Standard), 1931-40	325	500	—	—	—
428	Pullman, (Standard), 1926-30*	225	300	—	—	—
429	Combine, (Standard), 1926-30*	225	300	—	—	—
430	Observation, (Standard), 1926-30*	225	300	—	—	—

*Excellent reproductions have been made

		Good	Exc	Color	Cond	$
431	Diner, (Standard), 1927-32*	300	450	---	---	---
435	Power Station, 1926-38	75	150	---	---	---
436	Power Station, 1926-37	70	140	---	---	---
437	Switch/Signal Tower, 1926-37*	125	250	---	---	---
438	Signal Tower, 1927-39	140	300	---	---	---
439	Panel Board, 1928-42	35	75	---	---	---
440/0440/440N	Signal Bridge, 1932-42	150	500	---	---	---
440C	Panel Board, 1932-42	35	75	---	---	---
441	Weighing Station, (Std.), 1932-36	225	500	---	---	---
442	Landscape Diner, 1938-42	60	150	---	---	---
444	Roundhouse, (Std.), 1932-35*	1100	2500	---	---	---
444-18	Roundhouse Clip, 1933	NRS	NRS	---	---	---
450	Electric, 0-4-0, (O), 1930	250	400	---	---	---
455	Electric Range, 1930, 1932-33	200	400	---	---	---
490	Observation, (Standard), 1923-32*	175	250	---	---	---
500	Dealer Display, 1927-28	NRS	NRS	---	---	---
500	Elec. Derrick Car, (2-7/8"), 03 04*	2000	3000	---	---	---
501	Dealer Display, 1927-28	NRS	NRS	---	---	---
502	Dealer Display, 1927-28	NRS	NRS	---	---	---
503	Dealer Display, 1927-28	NRS	NRS	---	---	---
504	Dealer Display, 1924-28	NRS	NRS	---	---	---
505	Dealer Display, 1924-28	NRS	NRS	---	---	---
506	Dealer Display, 1924-28	NRS	NRS	---	---	---
507	Dealer Display, 1924-28	NRS	NRS	---	---	---
508	Dealer Display, 1924-28	NRS	NRS	---	---	---
509	Dealer Display, 1924-28	NRS	NRS	---	---	---
510	Dealer Display, 1927-28	NRS	NRS	---	---	---
511	Flatcar, (Standard), 1927-40	35	50	---	---	---
512	Gondola, (Standard), 1927-39	40	55	---	---	---
513	Cattle Car, (Standard), 1927-38	50	80	---	---	---
514	Boxcar, (Standard), 1929-40	75	100	---	---	---
514	Refrigerator Car, (Std.), 1927-28	225	300	---	---	---
514R	Refrigerator Car, (Std.), 1929-40	120	150	---	---	---
515	Tank Car, (Standard), 1927-40	90	125	---	---	---
516	Hopper Car, (Standard), 1928-40	100	175	---	---	---
517	Caboose, (Standard), 1927-40	75	100	---	---	---
520	Floodlight Car, (Standard), 1931-40	75	125	---	---	---
529	Pullman, (O), 1926-32	10	20	---	---	---
530	Observation, (O), 1926-32	10	20	---	---	---
550	Miniature Figures, (Std.), 1932-36	95	150	---	---	---
551	Engineer, (Std.), 1932	10	20	---	---	---
552	Conductor, (Std.), 1932	10	20	---	---	---
553	Porter, (Std.), 1932	10	20	---	---	---
554	Male Passenger, (Std.), 1932	10	20	---	---	---
555	Female Passenger, (Std.), 1932	10	20	---	---	---
556	Red Cap Figure, (Std.), 1932	10	25	---	---	---
600	Derrick Trailer, (2-7/8"), 1903-04	2000	3000	---	---	---
600	Pullman, Early, (O), 1915-23	20	60	---	---	---
600	Pullman, Late, (O), 1933-42	35	75	---	---	---

*Excellent reproductions have been made

		Good	Exc	Color	Cond	$
601	Observation, Late, (O), 1933-42	35	75	—	—	—
601	Pullman, Early, (O), 1915-23	10	25	—	—	—
602	Baggage, Lionel Lines, (O), 1933-42	40	80	—	—	—
602	Baggage, NYC., (O), 1915-23	15	30	—	—	—
602	Obs., uncatalogued, (O), 1922	10	20	—	—	—
603	Pullman, Early, uncat., (O), 1922	15	35	—	—	—
603	Pullman, Later, (O), 1920-25	25	50	—	—	—
603	Pullman, Latest, 1931-36	15	35	—	—	—
604	Observation, Later, (O), 1920-25	25	50	—	—	—
604	Observation, Latest, (O), 1931-36	15	35	—	—	—
605	Pullman, (O), 1925-32	50	100	—	—	—
606	Observation, (O), 1925-32	50	100	—	—	—
607	Pullman, (O), 1926-27	20	35	—	—	—
608	Observation, (O), 1926-37	20	35	—	—	—
609	Pullman, (O), 1937	30	60	—	—	—
610	Pullman, Early, (O), 1915-25	20	50	—	—	—
610	Pullman, Late, (O), 1926-30	25	50	—	—	—
611	Observation, (O), 1937	30	60	—	—	—
612	Observation, Early, (O), 1915-25	25	50	—	—	—
612	Observation, Late, (O), 1926-30	25	50	—	—	—
613	Pullman, (O), 1931-40	50	100	—	—	—
614	Observation, (O), 1931-40	50	100	—	—	—
615	Baggage, (O), 1933-40	60	125	—	—	—
616E/616W	Diesel only, (O), 1935-41	60	100	—	—	—
616E/616W	Set: 616, 617, 617, 618	150	225	—	—	—
617	Coach, (O), 1935-41	35	60	—	—	—
618	Observation, (O), 1935-41	35	60	—	—	—
619	Combine, (O)	85	200	—	—	—
620	Floodlight Car, (O), 1937-42	20	25	—	—	—
629	Pullman, (O), 1924-32	15	25	—	—	—
630	Observation, 1926-31	15	25	—	—	—
636W	Diesel only, (O), 1936-41	60	100	—	—	—
636W	Set: 636W, 637, 637, 638	200	300	—	—	—
637	Coach, (O), 1936-39	50	100	—	—	—
638	Observation, (O), 1936-39	50	100	—	—	—
651	Flatcar, (O), 1935-40	10	20	—	—	—
652	Gondola, (O), 1935-40	12	25	—	—	—
653	Hopper Car, (O), 1934-40	20	30	—	—	—
654	Tank Car, (O), 1934-38	12	25	—	—	—
655	Boxcar, (O), 1934-42	15	30	—	—	—
656	Cattle Car, (O), 1935-40	25	40	—	—	—
657	Caboose, (O), 1934-42	10	20	—	—	—
659	Dump Car, (O), 1935-42	25	40	—	—	—
700	Electric, 0-4-0, (O), 1913-16	250	300	—	—	—
700	Window Display, (2-7/8"), 1903-05	NRS	NRS	—	—	—
700E	Steam, 4-6-4 Scale Hudson, "5344", (O), 1937-42*	1700	2600	—	—	—
700K	Steam, 4-6-4 unbuilt kit, (O), 38-42	2000	3100	—	—	—
701	Electric, 0-4-0, (O), 1913-16	200	350	—	—	—

*Excellent reproductions have been made

		Good	Exc	Color	Cond	$
701	0-6-0, Steam (See 708)			——	——	──
702	Baggage, (O), 1917-21	90	200	——	——	──
703	Electric, 4-4-4, (O), 1913-16	950	1200	——	——	──
706	Electric, 0-4-0, (O), 1913-16	250	300	——	——	──
708	Steam, 0-6-0, "8976" on boiler front, (O), 1939-42*					
		950	1500	——	——	──
710	Pullman, (O), 1924-34	70	150	——	——	──
711	R.C. Switches, pair, (O72), 1935-42	75	150	——	——	──
712	Observation, (O), 1924-34	70	150	——	——	──
714	Boxcar, scale, (O), 1940-42*	150	250	——	——	──
714K	Boxcar, unbuilt kit, (O), 1940-42	—	500	——	——	──
715	Shell Tank Car, scale, (O), 1940-42*	150	225	——	——	──
715K	Tank Car, unbuilt kit, (O), 1940-42	—	375	——	——	──
716	Hopper Car, scale, (O), 1940-42*	175	325	——	——	──
716K	Hopper, unbuilt kit, (O), 1940-42	—	700	——	——	──
717	Caboose, (O), 1940-42*	150	250	——	——	──
717K	Caboose, unbuilt kit, (O), 1940-42	—	350	——	——	──
720	90° Crossing, (O72), 1935-42	7	15	——	——	──
721	Manual Switches, pair, (O72), 1935-42	45	100	——	——	──
730	90° Crossing, (O72), 1935-42	20	35	——	——	──
731	R.C. Switches, pr, T-rail,(O72), 35-42	85	175	——	——	──
752E/752W	Diesel, Set of 4,(O), 1934-41	130	200	——	——	──
753	Coach, (O), 1936-41	75	150	——	——	──
754	Observation, (O), 1936-41	75	150	——	——	──
761	Curved Track, (O72), 1934-42	.50	1.50	——	——	──
762	Straight Track, (O72), 1934-42	.50	1.50	——	——	──
762	Ins. Straight Track, (O72), 1934-42	2	3	——	——	──
763E	Steam, 4-6-4 (O), 1937-42	800	1200	——	——	──
771	Curved Track, T-rail,(O72), 1935-42	2	4	——	——	──
772	Straight Track, T-rail, (O72), 1935-42	2	4	——	——	──
773	Fishplate Outfit, (O72), 1936-42	25	30	——	——	──
782	Combine, (O), 1935-41	165	350	——	——	──
783	Coach, (O), 1935-41	165	350	——	——	──
784	Observation, (O), 1935-41	165	350	——	——	──
792	Combine, (O), 1937-41	180	400	——	——	──
793	Coach, (O), 1937-41	180	400	——	——	──
794	Observation, (O), 1927-41	180	400	——	——	──
800	Boxcar, (O), 1915-26	10	35	——	——	──
800	Boxcar, (2-7/8"), 1904-05*	1100	1500	——	——	──
801	Caboose, (O), 1915-26	15	35	——	——	──
802	Stock Car, (O), 1915-26	20	40	——	——	──
803	Hopper Car, Early, (O), 1923-28	20	35	——	——	──
803	Hopper Car, Late, (O), 1929-34	20	35	——	——	──
804	Tank Car, (O), 1923-28	20	25	——	——	──
805	Boxcar, (O), 1927-34	20	25	——	——	──
806	Stock Car, (O), 1927-34	20	25	——	——	──
807	Caboose, (O), 1927-40	20	25	——	——	──
809	Dump Car, (O), 1930-41	20	25	——	——	──
810	Crane, (O), 1930-42	50	100	——	——	──

*Excellent reproductions have been made

		Good	Exc	Color	Cond	$
811	Flatcar, (O), 1926-40	30	55	—	—	—
812	Gondola, (O), 1926-42	35	50	—	—	—
813	Stock Car, (O), 1926-42	40	100	—	—	—
814	Boxcar, (O), 1926-42	30	75	—	—	—
814R	Refrigerator Car, (O), 1929-42	50	125	—	—	—
815	Tank Car, (O), 1926-42	35	75	—	—	—
816	Hopper Car, (O), 1927-42	35	80	—	—	—
817	Caboose, (O), 1926-42	25	60	—	—	—
820	Boxcar, (O), 1915-26	40	75	—	—	—
820	Floodlight Car, (O), 1931-42	40	85	—	—	—
821	Stock Car, (O), 1915-16, 1925-26	45	75	—	—	—
822	Caboose, (O), 1915-26	40	55	—	—	—
831	Flatcar, (O), 1927-34	15	20	—	—	—
840	Industrial Power Station, 1928-40*	1200	2400	—	—	—
900	Ammunition Car, (O), 1917-21	60	125	—	—	—
900	Box Trail Car, (2-7/8"), 1904-05	1000	1500	—	—	—
901	Gondola, (O), 1919-27	20	35	—	—	—
902	Gondola, (O), 1927-34	15	25	—	—	—
910	Grove of Trees, 1932-42	70	150	—	—	—
911	Country Estate	175	350	—	—	—
912	Suburban Home	175	350	—	—	—
913	Landscaped Bungalow, 1940-42	140	275	—	—	—
914	Park Landscape, 1932-35	90	200	—	—	—
915	Tunnel, 1932, 1934-35	100	250	—	—	—
916	Tunnel, 29-1/4" long, 1935	70	150	—	—	—
917	Scenic Hillside, 1932-36	90	200	—	—	—
918	Scenic Hillside, 1932-36	90	200	—	—	—
919	Park Grass, bag, 1932-42	7	15	—	—	—
920	Village, 1932-33	600	1500	—	—	—
921	Scenic Park, 3 pieces, 1932-33	1000	2500	—	—	—
921C	Park Center, 1932-33	400	1000	—	—	—
922	Terrace, 1932-36	80	150	—	—	—
923	Tunnel, 40-1/4" long, 1933-42	70	200	—	—	—
924	Tunnel, 30" long, (O72), 1935-42	50	125	—	—	—
925	Lubricant, 1935-42	1	2	—	—	—
927	Flag Plot, 1937-42	25	50	—	—	—
1000	Passenger Car, (2-7/8"), 1905*	1500	2000	—	—	—
1000	Trailer, (2-7/8")	NRS	NRS	—	—	—
1010	Electric, 0-4-0, (O), 1931-32	45	75	—	—	—
1010	Trailer, matches 10 Interurban	600	1400	—	—	—
1011	Pullman, (O), 1931-32	10	30	—	—	—
1012	Station, 1932	20	35	—	—	—
1015	Steam, 0-4-0, (O), 1931-32	60	90	—	—	—
1017	Winner Station, 1933	10	25	—	—	—
1019	Observation, (O), 1931-32	25	50	—	—	—
1020	Baggage, (O), 1931-32	50	100	—	—	—
1021	90° Crossover, (O-27), 1932-42	1	2	—	—	—
1022	Tunnel, 18-3/4" long, (O), 1935-42	7	15	—	—	—
1023	Tunnel, 19" long, 1934-42	10	15	—	—	—

*Excellent reproductions have been made

		Good	Exc	Color	Cond	$
1024	Switches, pair, (O27), 1937-42	2	5	——	——	——
1025	Bumper, (O27), 1940-42	6	15	——	——	——
1027	Transformer in Tin Station, 1934	9	20	——	——	——
1028	Transformer, 40 watts, 1939	2	4	——	——	——
1030	Electric, 0-4-0, (O), 1932	60	90	——	——	——
1035	Steam, 0-4-0, (O), 1932	65	95	——	——	——
1045	Watchman, 1938-42	10	25	——	——	——
1050	Passenger Car Trailer, (2-7/8"), 05	2000	2500	——	——	——
1100	Handcar, Mickey Mouse, (O), 1935-37	400	500	——	——	——
1100	Trailer, matches 101, (Std.),	NRS	NRS	——	——	——
1103	Handcar, Peter Rabbit, (O), 1935-37	400	850	——	——	——
1105	Handcar, Santa Claus, (O), 1935-36	575	900	——	——	——
1107	Transformer in Tin Station, 1933	15	40	——	——	——
1107	Handcar, Donald Duck, (O), 1936-37	425	700	——	——	——
1121	Switches, pair, (O27), 1937-42	10	20	——	——	——
1506M	Steam, 0-4-0, (O), 1935	225	400	——	——	——
1506L	Steam, 0-4-0, (O), 1933-34	70	100	——	——	——
1508	Steam, 0-4-0, C.V. w/Mickey	275	400	——	——	——
1511	Steam, 0-4-0, (O), 1936-37	25	40	——	——	——
1512	Gondola, (O), 1931-33, 1936-37	6	12	——	——	——
1514	Boxcar, (O), 1931-37	6	15	——	——	——
1515	Tank Car, (O), 1933-37	6	12	——	——	——
1517	Caboose, (O), 1931-37	6	12	——	——	——
1518	Diner, (O), 1935	35	75	——	——	——
1519	Band, (O), 1935	35	75	——	——	——
1520	Animal, (O), 1935	35	75	——	——	——
1550	Switches, pair, Windup, 1933-37	2	5	——	——	——
1555	90° Crossover, Windup, 1933-37	1	2	——	——	——
1560	Station, 1933-37	12	20	——	——	——
1569	Accessory Set, 8 pieces, 1933-37	20	45	——	——	——
1588	Steam, 0-4-0, (O), 1936-37	100	150	——	——	——
1630	Pullman, (O), 1938-42	15	25	——	——	——
1631	Observation, (O), 1938-42	15	25	——	——	——
1651E	Electric, 0-4-0, (O), 1933	100	150	——	——	——
1661E	Steam, 2-4-0, (O), 1933	65	100	——	——	——
1662	Steam, 0-4-0, (O), 1940-42	130	200	——	——	——
1663	Steam, 0-4-0, (O), 1940-42	160	250	——	——	——
1664/1664E	Steam, 2-4-2, (O), 1938-42	45	65	——	——	——
1666/1666E	Steam, 2-6-2, (O), 1938-42	45	75	——	——	——
1668/1668E	Steam, 2-6-2, (O), 1937-41	30	50	——	——	——
1673	Coach, (O), 1936-37	20	35	——	——	——
1674	Pullman, (O), 1936-37	20	35	——	——	——
1675	Observation, (O), 1936-37	20	35	——	——	——
1677	Gondola, (O), 1933-35	10	20	——	——	——
1679	Boxcar, (O), 1938-42	5	10	——	——	——
1680	Tank Car, (O), 1933-42	5	10	——	——	——
1681E	Steam, 2-4-0, (O), 1934-35	30	60	——	——	——
1681	Steam, 2-4-0, (O), 1934-35	30	50	——	——	——

*Excellent reproductions have been made.

		Good	Exc	Color	Cond	$
1682	Caboose, (O), 1933-42	5	10	—	—	—
1684	Steam, 2-4-2, (O), 1942	30	50	—	—	—
1685	Coach, not catalogued, (O)	85	175	—	—	—
1686	Baggage, not catalogued, (O)	85	175	—	—	—
1687	Observation, not catalogued, (O)	85	175	—	—	—
1688/1688E	Steam, 2-4-2, (O), 1936	30	50	—	—	—
1689E	Steam, 2-4-2, (O), 1936-37	50	70	—	—	—
1690	Pullman, (O), 1933-34	8	15	—	—	—
1691	Observation, not catalogued, (O)	8	15	—	—	—
1692	Pullman, not catalogued, (O), 1939	15	30	—	—	—
1693	Observation, not catalogued, (O)	15	30	—	—	—
1700E	Diesel, power unit only, (O)	20	40	—	—	—
1700E	Set: 1700, 1701, 1701, 1702, (O), 1935-37	55	100	—	—	—
1701	Coach, (O), 1935-37	10	25	—	—	—
1702	Observation, (O), 1935	10	25	—	—	—
1703	Obs. w/hooked coupler, not cata.	35	75	—	—	—
1717	Gondola, not catalogued, (O), 1933-40	10	20	—	—	—
1717X	Gondola, not catalogued, (O), 1940	10	20	—	—	—
1719	Boxcar, not catalogued, (O), 1933-40	15	20	—	—	—
1719X	Boxcar, not cata., (O), 1941-42	15	20	—	—	—
1722	Caboose, not cata., (O), 1933-42	15	20	—	—	—
1722X	Caboose, not cata., (O), 1939-40	8	12	—	—	—
1766	Pullman, (Standard), 1934-40	300	600	—	—	—
1767	Baggage, (Standard), 1934-40	300	600	—	—	—
1768	Observation, (Standard), 1934-40	300	600	—	—	—
1811	Pullman, (O), 1933-37	10	30	—	—	—
1812	Observation, (O), 1933-37	25	50	—	—	—
1813	Baggage, (O)	8	20	—	—	—
1816/1816W	Diesel, (O), 1935-37	65	200	—	—	—
1817	Coach, (O), 1935-37	20	40	—	—	—
1818	Observation, (O), 1935-37	20	40	—	—	—
1835E	Steam, 2-4-2, (Standard), 1934-39	450	600	—	—	—
1910	Elec., 0-6-0, Early, (Std.), 1910-11	750	1600	—	—	—
1910	Electric, 0-6-0, Late, (Std.), 1912	450	1000	—	—	—
1910	Pullman, (Standard), 1909-10	800	1500	—	—	—
1911	Elec., 0-4-0, Early, (Std.), 1910-12	1000	2000	—	—	—
1911	Electric, 0-4-0, Late, (Std.), 1913	700	1200	—	—	—
1911	Elec., 0-4-4-0, Special, (Std.), 11-12	1000	2000	—	—	—
1912	Elec., 0-4-4-0, Special, (Std.), 1911*	1800	3200	—	—	—
1912	Electric, 0-4-4-0, (Std.), 1910-12	2000	5000	—	—	—
2200	Trailer, matches 202, (Std.)	1100	2500	—	—	—
2600	Pullman, (O), 1938-42	45	100	—	—	—
2601	Observation, (O), 1938-42	45	100	—	—	—
2602	Baggage, (O), 1938-42	65	125	—	—	—
2613	Pullman, (O), 1938-42	90	200	—	—	—
2614	Observation, (O), 1938-42	90	200	—	—	—
2615	Baggage, (O), 1938-42	115	225	—	—	—
2620	Floodlight, (O), 1938-42	18	30	—	—	—

*Excellent reproductions have been made.

		Good	Exc	Color	Cond	$
2623	Pullman, (O), 1941-42	90	200	—	—	—
2624	Pullman, (O), 1941-42	700	1500	—	—	—
2630	Pullman, (O), 1938-42	15	30	—	—	—
2631	Observation, (O), 1938-42	15	30	—	—	—
2640	Pullman, illuminated, (O), 1938-42	20	35	—	—	—
2641	Obs., illuminated, (O), 1938-42	20	35	—	—	—
2642	Pullman, (O), 1941-42 (x3)	15	30	—	—	—
2643	Observation, (O), 1941-42	15	30	—	—	—
2651	Flatcar, (O), 1938-42	15	35	—	—	—
2652	Gondola, (O), 1938-41	10	30	—	—	—
2653	Hopper Car, (O), 1938-42	12	25	—	—	—
2654	Tank Car, (O), 1938-42	11	25	—	—	—
2655	Boxcar, (O), 1938-39	20	45	—	—	—
2656	Stock Car, (O), 1938-39	30	60	—	—	—
2657	Caboose, (O), 1940-41	10	20	—	—	—
2657X	Caboose, (O), 1940-41	10	20	—	—	—
2659	Dump Car, (O)	17	35		—	—
2660	Crane, (O), 1938-42	21	45	—	—	—
2672	Caboose, (O), 1942	10	25	—	—	—
2677	Gondola, (O)	9	18	—	—	—
2679	Boxcar, (O)	9	20	—	—	—
2680	Tank Car, (O), 1938-42	9	20	—	—	—
2682	Caboose, (O), 1938-42	8	20	—	—	—
2682X	Caboose, (O), 1938-42	8	20	—	—	—
2717	Gondola, (O), not catalogued	14	30	—	—	—
2719	Boxcar, (O), not catalogued	15	30	—	—	—
2722	Caboose, (O), not catalogued	14	30	—	—	—
2755	Tank Car, (O), 1941-42	25	60	—	—	—
2757	Caboose, (O), 1941-42	20	30	—	—	—
2757X	Caboose, (O), 1941-42	11	25	—	—	—
2758	Automobile Boxcar, (O), 1941-42	11	25	—	—	—
2810	Crane, (O), 1938-42	60	125	—	—	—
2811	Flatcar, (O), 1938-42	60	125	—	—	—
2812	Gondola, (O), 1938-42	18	40	—	—	—
2813	Stock Car, (O), 1938-42	100	175	—	—	—
2814	Boxcar, (O), 1938-42	70	150	—	—	—
2814R	Refrigerator Car, (O), 1938-42	200	300	—	—	—
2815	Tank Car, (O), 1938-42	45	100	—	—	—
2816	Hopper Car, (O), 1935-42	30	65	—	—	—
2817	Caboose, (O), 1936-42	20	50	—	—	—
2820	Floodlight Car, (O), 1938-42	45	100	—	—	—
2954	Boxcar, (O), 1940-42	90	200	—	—	—
2955	Tank Car, (O), 1940-42	90	200	—	—	—
2956	Hopper Car, (O), 1940-42	200	300	—	—	—
2957	Caboose, (O), 1940-42	120	250	—	—	—
3000	Trailer	1400	3000	—	—	—
3651	Operating Lumber Car, (O), 1939-42	10	20	—	—	—
3652	Operating Gondola, (O), 1939-42	17	40	—	—	—
3659	Operating Dump Car, (O), 1939-42	11	20	—	—	—
3811	Oper. Lumber Dump Car, (O), 39-42	22	50	—	—	—

		Good	Exc	Color	Cond	$
3814	Oper. Merchandise Car, (O), 1929-42	65	100	——	——	——
3859	Operating Dump Car, (O), 1938-42	20	50	——	——	——
5344	(See 700E)					
8976	(See 227, 228, 229, 230, 706, 708)					
A	Miniature Motor, 1904	50	100	——	——	——
A	Transformer, 40 or 60 watts, 1927-37	1	2	——	——	——
B	New Departure Motor, 1906-16	50	100	——	——	——
B	Transformer, 50 or 75 watts, 1916-38	1	3	——	——	——
C	New Departure Motor, 1906-16	50	100	——	——	——
D	New Departure Motor, 1906-14	50	100	——	——	——
E	New Departure Motor, 1906-14	50	100	——	——	——
F	New Departure Motor, 1906-14	50	100	——	——	——
G	Battery Fan Motor, 1909-14	50	100	——	——	——
K	Power Motor, 1904-06	50	100	——	——	——
K	Transformer, 150 or 200 watts	2	5	——	——	——
L	Power Motor, 1905	50	100	——	——	——
L	Transformer, 50 or 75 watts	1	2	——	——	——
M	Battery Motor, 1915-20	30	75	——	——	——
N	Transformer, 50 watts, 1941-42	1	2	——	——	——
Q	Transformer, 50 watts	1	2	——	——	——
Q	Transformer, 75 watts	4	8	——	——	——
R	Battery Motor, 1915-20	30	75	——	——	——
R	Transformer, 100 watts, 1938-42	5	9	——	——	——
S	Transformer, 50 watts	1	2	——	——	——
S	Transformer, 80 watts	4	8	——	——	——
T	Transformer, 75, 100, or 150 watts	2	4	——	——	——
U	Transformer, Alladin	1	3	——	——	——
V	Transformer, 150 watts, 1939-42	15	30	——	——	——
W	Transformer, 75 watts	1	3	——	——	——
Y	Battery Motor, 1915-20	40	80	——	——	——
Z	Transformer, 250 watts, 1939-42	20	50	——	——	——

Other transformers made by Lionel:

		Good	Exc	Color	Cond	$
1029	25 watts, 1936	1	2	——	——	——
1030	40 watts, 1935-38	2	3	——	——	——
1037	40 watts, 1940-42	1	2	——	——	——
1039	35 watts, 1937-40	1	2	——	——	——
1040	60 watts, 1937-39	2	6	——	——	——
1041	60 watts, 1939-42	2	6	——	——	——

TRACK, LOCKONS, & CONTACTORS

	Good	Exc	Color	Cond	$
O Straight	.20	.50	——	——	——
O Curve	.15	.40	——	——	——
O72 Straight	1	2	——	——	——
O72 Curve	1	2	——	——	——
O27 Straight	.10	.30	——	——	——
O27 Curve	.10	.20	——	——	——
Standard Straight	.50	1	——	——	——
Standard Curve	.50	1	——	——	——
O Gauge lockon	.10	.25	——	——	——

	Good	Exc	Color	Cond	$
Standard Gauge lockon	.25	.50	—	—	—
UTC lockon	.25	.75	—	—	—
145C contactor	.50	1	—	—	—
153C contactor	.50	1.50	—	—	—

SECTION II
POSTWAR

		Good	Exc	Color	Cond	$
011-11	Fiber Pins, (O), 1946-50	.03	.05	—	—	—
011-11	Insulating Pins, (O), 1940-60	.03	.05	—	—	—
011-43	Insulating Pins, (O), dz., 1961	.40	1	—	—	—
020	90° Crossover, (O), 1945-61	1.50	4	—	—	—
020X	45° Crossover, (O), 1946-59	1.50	4	—	—	—
022	R.C. Switches, pair, (O), 1945-49	25	55	—	—	—
022-500	Adapter Set, (O), 1957-61	1	2	—	—	—
022A	R.C. Switches, pair, (O),	—	100	—	—	—
025	Bumper, (O), 1946-47	3	8	—	—	—
026	Bumper, 1948-50	3	8	—	—	—
027C-1	Track Clips, dz., (O27), 1947, 1949	.50	1	—	—	—
30	Water Tower, 1947-50	25	80	—	—	—
31	Curved Track, (Super O), 1957-66	.30	.60	—	—	—
31-7	Power Blade Con., (Super O), 57-61	—	.25	—	—	—
31-15	Ground Rail Pin, (Super O), 1957-66	—	.75	—	—	—
31-45	Power Blade Cont., (Sup. O), 1961-66	—	.75	—	—	—
32	Straight Track, (Super O), 1957	.35	.75	—	—	—
32-10	Insulating Pin, (Super O), 1957-60	—	.50	—	—	—
32-20	Power Blade Ins., (Super O), 1957-60	—	.10	—	—	—
32-25	Insulating Pin, (Super O)	—	.10	—	—	—
32-30	Ground Pin, (Super O)	—	.10	—	—	—
32-31	Power Pin, (Super O)	—	.10	—	—	—
32-32	Insulating Pin, (Super O)	—	.10	—	—	—
32-33	Ground Pin, (Super O)	—	.10	—	—	—
32-34	Power Pin, (Super O)	—	.10	—	—	—
32-45	Pow. Blade Ins., dz., (Sup. O), 1961-66	—	.75	—	—	—
32-55	Insulating Pin, (Super O), 1961-66	—	.75	—	—	—
33	Half Curved Track, (Sup. O), 1957-66	.25	.85	—	—	—
34	Half Straight Track, (Sup. O), 1957-66	.25	.75	—	—	—
35	Boulevard Lamp, 1945-49	8	20	—	—	—
36	Remote Control Set, (Super O), 1957-60	1	4	—	—	—
37	Uncoupling Track Set, (Sup. O), 1957-66	1	4	—	—	—
38	Water Tower, 1946-47	50	250	—	—	—
38	Acc. Adapter Track, (Super O), 1957-61	1	4	—	—	—
39	Operating Set, (Super O), 1957	1	4	—	—	—
39-25	Operating Set, (Super O), 1961-66	1	4	—	—	—
40	Hookup Wire, 1950-51, 1953-60	1	3	—	—	—
40-25	Conductor Wire, 1956-59	1	4	—	—	—
40-50	Cable Reel, 1960-61	1	3	—	—	—
41	Contactor	.40	.80	—	—	—
41	U.S. Army Switcher, 1955-57	30	70	—	—	—

		Good	Exc	Color	Cond	$
42	Picatinny Arsenal Switcher, 1957	80	200	——	——	——
042/42	Man. Switches, pair, (O), 1946-59	10	35	——	——	——
43	Power Track, 1959-66	1.50	3	——	——	——
44-80	Missiles, 1959-60	3	7	——	——	——
44	U.S. Army Switcher, 1959-62	40	100	——	——	——
45	U.S. Marines Switcher, 1960-62	50	150	——	——	——
45	Automatic Gateman, 1946-49	15	30	——	——	——
45N	Automatic Gateman, 1945	15	30	——	——	——
48	Ins. Straight Track, (Sup. O), 1957-66	.75	1.50	——	——	——
50	Lionel Gang Car, 1955-64	15	55	——	——	——
51	Navy Yard Switcher, 1956-57	45	100	——	——	——
52	Fire Car, 1958-61	80	150	——	——	——
53	Rio Grande Snowplow, 1957-60	120	290	——	——	——
54	Ballast Tamper, 1958-61, 66, 69-69	70	155	——	——	——
54-6446	N & W Quad Hopper, 1954	10	30	——	——	——
54-6446	N & W Cement, gray	10	30	——	——	——
55-150	Ties, 1957-60	1.50	3	——	——	——
55	Tie-jector, 1957-61	70	135	——	——	——
56	Lamp Post, 1946-49	10	35	——	——	——
56	M & St. L Mine Transport, 1958	150	300	——	——	——
57	A E C Switcher, 1959-60	175	400	——	——	——
58	Lamp Post, 1946-60	8	25	——	——	——
58	GN, 2-4-2 Snowplow, 1959-61	180	375	——	——	——
59	Minuteman Switcher, 1962-63	150	300	——	——	——
60	Lionelville Trolley, 1955-58	100	275	——	——	——
61	Ground Lockon, (Super O), 1957-60	.25	.50	——	——	——
62	Power Lockon, (Super O), 1957-66	.25	.50	——	——	——
64	Street Lamp, 1945-49	10	35	——	——	——
65	Lionel Lines Handcar, 1962-66	75	200	——	——	——
68	Inspection Car, 1958-61	75	150	——	——	——
69	Lionel Maintenance Car, 1960-62	90	225	——	——	——
70	Yard Light, 1949-50	10	35	——	——	——
71	Lamp Post, 1949-59	2	10	——	——	——
75	Tear Drop Lamp, 1961-63	5	15	——	——	——
76	Boulevard Street Lamp, 1955-56, 68-69	2	4	——	——	——
88	Controller, 1946-60	.50	1	——	——	——
89	Flagpole, 1956-58	10	30	——	——	——
90	Controller	.25	.75	——	——	——
91	Circuit Breaker, 1957-60	1	3	——	——	——
92	Circuit Breaker Cont., 59-66, 68-69	.50	1	——	——	——
93	Water Tower, 1946-49	7	25	——	——	——
97	Coal Elevator, 1946-50	50	135	——	——	——
100	Multivolt-DC/AC, xfmr, 1958-66	NRS	NRS	——	——	——
109	Trestle Set, 1961	NRS	NRS	——	——	——
110	Trestle Set, 1955-69	3	15	——	——	——
111	Trestle Set, 1956-69	3	8	——	——	——
111-100	Trestle Piers, 1960-63	1	3	——	——	——
112	R.C. Switches, pr., (Super O), 1957-66	20	75	——	——	——
114	Newsstand with horn, 1957-59	20	75	——	——	——
115	Passenger Station, 1946-49	100	200	——	——	——

		Good	Exc	Color	Cond	$
118	Newsstand with whistle, 1958	20	75	—	—	—
119	Landscaped Tunnel, 1957	2	5	—	—	—
120	90° Crossing, (Super O), 1957-66	1	3	—	—	—
121	Landscaped Tunnel, 1959-66	2	5	—	—	—
122	Landscaped Tunnel, 1968	2	5	—	—	—
123	Lamp Assortment, 1955-59	NRS	NRS	—	—	—
123-60	Lamp Assortment, 1960-63	NRS	NRS	—	—	—
125	Whistle Shack, 1950-55	7	30	—	—	—
128	Animated Newsstand, 1957-60	20	100	—	—	—
130	60° Crossing, (Super O), 1957-61	1	4	—	—	—
131	Curved Tunnel, 1959-66	2	5	—	—	—
132	Passenger Station, 1949-55	11	30	—	—	—
133	Passenger Station, 1957-66	11	25	—	—	—
137	Passenger Station, 1946 (See Prewar section)					
138	Water Tower, 1953-57	35	70	—	—	—
140	Automatic Banjo Signal, 1954-66	5	25	—	—	—
142	Manual Switches, pr., (Sup. O), 1957-66	10	20	—	—	—
145	Automatic Gateman, 1950-66	15	30	—	—	—
145C	Contactor, 1950-60	.50	1.50	—	—	—
147	Whistle Controller, 1961-66	.50	1	—	—	—
148	Dwarf Trackside Signal, 1957-60	15	50	—	—	—
150	Telegraph Pole Set, 1947-50	5	25	—	—	—
151	Automatic Semaphore, 1947-69	10	25	—	—	—
152	Automatic Crossing Gate, 1945-48	10	20	—	—	—
153	Auto. Block Control, Signal, 1945-69	10	20	—	—	—
153C	Contactor	.50	2	—	—	—
154	Auto Highway Signal, 1945-69	7	20	—	—	—
155	Blinking Light Signal w/Bell, 1955-57	10	25	—	—	—
156	Station Platform, 1946-51	15	40	—	—	—
157	Station Platform, 1952-59	6	20	—	—	—
160	Unloading Bin, 1952	.25	1	—	—	—
161	Mail Pickup Set, 1961-63	20	75	—	—	—
163	Single Target Block Signal, 1961-69	7	20	—	—	—
164	Log Loader, 1946-50	65	150	—	—	—
167	Whistle Controller, 1945-46	1	3	—	—	—
175	Rocket Launcher, 1958-60	50	150	—	—	—
175-50	Extra Rocket, 1959-60	1.50	3	—	—	—
182	Magnetic Crane, 1946-49	70	150	—	—	—
192	Operating Control Tower, 1959-60	60	150	—	—	—
193	Industrial Water Tower, 1953-55	25	60	—	—	—
195	Floodlight Tower, 1957-69	10	25	—	—	—
195-75	Eight-Bulb Extension, 1958-60	3	8	—	—	—
196(A)	Smoke Pellets, 1946	—	20	—	—	—
196(B)	Smoke Pellets, 1947	—	20	—	—	—
197	Rotating Radar Antenna, 1958-59	12	50	—	—	—
199	Microwave/Relay Tower, 1958-59	18	65	—	—	—
202	U.P. Alco A unit, 1957	15	50	—	—	—
204	Santa Fe Alco AA units, 1957	30	80	—	—	—
205	M.P. Alco AA units, 1957-58	25	75	—	—	—
206	Artificial Coal, large bag, 1946-68	—	6	—	—	—

		Good	Exc	Color	Cond	$
207	Artificial Coal, small bag	—	4	——	——	——
208	Santa Fe Alco AA units, 1958-59	35	90	——	——	——
209	New Haven Alco AA units, 1958	65	195	——	——	——
209	Wooden Barrels, set of 4, 1946-50	—	3	——	——	——
210	Texas Special Alco AA units, 1958	30	85	——	——	——
211	Texas Special Alco AA units, 1962-66	30	85	——	——	——
212	U.S. Marine Corps Alco A, 1958-59	25	75	——	——	——
212T	U.S.M.C. Dummy, 1958-59	100	225	——	——	——
212	Santa Fe Alco AA units, 1964-66	30	90	——	——	——
213	Railroad Lift Bridge, 1950			Not Manufactured		
213	M & St L Alco AA units, 1964	40	150	——	——	——
214	Plate Girder Bridge, 1953-69	2	5	——	——	——
215	Santa Fe Alco AB units	35	75	——	——	——
216(A)	Burlington Alco A unit, 1958	38	100	——	——	——
216(B)	M & St L Alco A unit	40	100	——	——	——
217	B & M Alco AB units, 1959	35	100	——	——	——
218	Santa Fe Alco units, 1959-63					
	(A) Double A units	35	70	——	——	——
	(B) AB units	35	70	——	——	——
219	M P Alco AA units, circa 1959	35	70	——	——	——
220	Santa Fe Alco A unit, 1961	25	70	——	——	——
221	2-6-4, 221T/221W tender, 1946-47	50	115	——	——	——
221	Rio Grande Alco A unit, 1963-64	20	40	——	——	——
221	U.S. Marine Corps Alco A unit	60	150	——	——	——
221	Santa Fe Alco E unit	60	150	——	——	——
222	Rio Grande Alco A unit, 1962	15	40	——	——	——
223	218C Santa Fe Alco AB units, 1963	40	100	——	——	——
224	Steam, 2-6-2, 2466T/2466W tdr., 45-46	60	100	——	——	——
224	U.S. Navy Alco AB units, 1960	40	100	——	——	——
225	C & O Alco A unit, 1960	25	50	——	——	——
226	B & M Alco AB units, 1960	35	100	——	——	——
227	C N Alco A unit, 1960	30	80	——	——	——
228	C N Alco A unit, 1960	30	60	——	——	——
229	M & St L Alco AB units, 1961	50	100	——	——	——
230	C & O Alco A unit, 1961	25	50	——	——	——
231	Alco A unit, 1961-63	35	70	——	——	——
232	New Haven Alco A unit, 1962	25	50	——	——	——
233	Steam, 2-4-2, 233W tender, 1961-62	12	25	——	——	——
235	Steam, 2-4-2, 1962	15	30	——	——	——
236	Steam, 2-4-2, 1961-62	10	25	——	——	——
237	Steam, 2-4-2, 1963-66	10	25	——	——	——
238	Steam, 2-4-2, 243W tender, 1963-64	10	35	——	——	——
239	Steam, 2-4-2, 1964-66	10	35	——	——	——
240	Steam, 2-4-2, 1961	15	85	——	——	——
241	Steam, 2-4-2, 1958	20	40	——	——	——
242	Steam, 2-4-2, 1962-66	15	25	——	——	——
243	Steam, 2-4-2, 243W tender, 1960	15	25	——	——	——
244	Steam, 2-4-2, 244T/1130T tdr., 1960-61	15	25	——	——	——
245	Steam, 2-4-2, 1959	15	25	——	——	——
246	Steam, 2-4-2, 244T/1130T tdr., 59-61	15	30	——	——	——

		Good	Exc	Color	Cond	$
247	Steam, 2-4-2, 247T tender, 1959-61	20	40	—	—	—
248	Steam, 2-4-2, 1958	15	40	—	—	—
249	Steam, 2-4-2, 250T tender, 1958	15	40	—	—	—
250	Steam, 2-4-2, 250T tender, 1957	15	40	—	—	—
251	Steam, 2-4-2, 250T tender	15	30	—	—	—
252	Crossing Gate, 1950-62	7	20	—	—	—
253	Block Control Signal, 1956-59	10	30	—	—	—
256	Operating Freight Station, 1950-53	6	20	—	—	—
257	Freight Station w/Diesel Horn, 56-57	20	65	—	—	—
260	Bumper, die-cast, 1949-69	3	10	—	—	—
262	Highway Crossing Gate, 1962-69	6	20	—	—	—
264	Oper. Fork Lift Platform, 1957-60	50	140	—	—	—
270	O Gauge Metal Bridge	15	30	—	—	—
282	Gantry Crane, 1954	60	150	—	—	—
282R	Gantry Crane, 1956	60	150	—	—	—
299	Code Transmitter Beacon Set, 61-63	20	55	—	—	—
308	Railroad Sign Set, die-cast, 1945-49	10	25	—	—	—
309	Yard Sign Set, die-cast, 1950-59	3	12	—	—	—
310	Billboard, 1950-68	1	2	—	—	—
311	Billboard, 1969	1	2	—	—	—
313	Bascule Bridge, 1946-49	150	300	—	—	—
313-82	Fiber Pins, 1946-60	.05	.05	—	—	—
313-121	Fiber Pins, 1961	—	1.50	—	—	—
314	Scale Model Girder Bridge, 1945-50	2	10	—	—	—
315	Trestle Bridge, 1946-47	15	45	—	—	—
316	Trestle Bridge, 1949	10	30	—	—	—
317	Trestle Bridge, 1950-56	5	15	—	—	—
321	Trestle Bridge, 1958-64	5	10	—	—	—
332	Arch-Under Bridge, 1959-66	10	30	—	—	—
334	Oper. Dispatching Board, 1957-60	50	125	—	—	—
342	Culvert Loader, 1956-58	50	125	—	—	—
345	Culvert Unloading Station, 1958-59	70	200	—	—	—
346	Culvert Unloader, 1965-667	50	125	—	—	—
347	Cannon Firing Range Set, 1962-64	75	150	—	—	—
348	Culvert Unloader, 1966-69	50	125	—	—	—
350	Engine Transfer Table, 1957-60	65	175	—	—	—
350-50	Transfer Table Extension, 57-60	25	90	—	—	—
352	Ice Depot, 1955-57	50	125	—	—	—
353	Trackside Control signal, 1960-61	5	20	—	—	—
356	Operating Freight Station, 1952-57	30	70	—	—	—
362	Barrel Loader, 1952-57	30	60	—	—	—
362-78	Wooden Barrels, 1952-57	2	6	—	—	—
364	Conveyor Lumber Loader, 1948-67	30	60	—	—	—
364C	On/Off Switch, 1959-64	1	2	—	—	—
365	Dispatching Station, 1958-59	35	75	—	—	—
375	Turntable, 1962-64	50	145	—	—	—
390C	Switch, d.p.d.t., 1960-64	.50	2	—	—	—
394	Rotary Beacon, 1949-53	8	20	—	—	—
395	Floodlight Tower, 1949-56	8	30	—	—	—
397	Diesel Oper. Coal Loader, 1948-57	30	75	—	—	—

		Good	Exc	Color	Cond	$
400	B & O RDC Passenger Car, 1956-58	100	175	—	—	—
404	B & O RDC Baggage-mail, 1957-58	100	200	—	—	—
410	Billboard Blinker, 1956-58	10	30	—	—	—
413	Countdown Control Panel, 1962	6	12	—	—	—
415	Diesel Fueling Station, 1955-57	30	100	—	—	—
419	Heliport Control Tower, 1962	75	200	—	—	—
443	Missile Launch Platform, 1960-62	15	20	—	—	—
445	Switch Tower, lighted, 1952-57	20	50	—	—	—
448	Missile Firing Range Set, 1961-63	25	50	—	—	—
450	Signal Bridge, two-track, 1952-58	15	35	—	—	—
452	Signal Bridge, two-track, 1961-63	40	80	—	—	—
455	Oil Derrick, 1950-54	50	140	—	—	—
456	Coal Ramp/ 3456 Hopper, 1950-55	48	90	—	—	—
460	Piggyback Transportation, 1955-67	20	50	—	—	—
460P	Piggyback Platform	20	40	—	—	—
461	Platform with Truck and Trailer	25	70	—	—	—
462	Derrick Platform Set, 1961-62	30	90	—	—	—
464	Lumber Mill, 1956-60	30	90	—	—	—
465	Sound Dispatching Station, 1956-57	30	60	—	—	—
470	Missile Launching Platform, 1959-62	12	25	—	—	—
480-25	Conversion Coupler, 1950-60	.50	1.50	—	—	—
480-32	Conv. Magnetic Coupler, 1961-69	.50	1.50	—	—	—
494	Rotary Beacon, 1954-66	10	30	—	—	—
497	Coaling Station, no car, 1953-58	50	125	—	—	—
520	Lionel Lines GE 80-ton, Switcher, 56-57	28	65	—	—	—
600	MKT NW-2 Switcher, 1955	50	100	—	—	—
601	Seaboard NW-2 Switcher, 1956	50	100	—	—	—
602	Seaboard NW-2 Switcher, 1957-58	50	100	—	—	—
610	Erie NW-2 Switcher, 1955	50	100	—	—	—
611	Jersey Central NW-2, 1957-58	50	150	—	—	—
613	Union Pacific NW-2 Switcher, 1958	75	150	—	—	—
614	Alaska NW-2 Switcher, 1959-60	50	100	—	—	—
616	Santa Fe NW-2, 1961-62	75	150	—	—	—
617	Santa Fe NW-2 Switcher, 1963	70	150	—	—	—
621	Jersey Central NW-2, 1956-57	40	100	—	—	—
622	Santa Fe NW-2 Switcher, 1949-50	90	175	—	—	—
623	Santa Fe NW-2 Switcher, 1952-54	50	100	—	—	—
624	C & O NW-2 Switcher, 1952-54	75	150	—	—	—
625	L V GE 44-ton Switcher, 1957-58	50	130	—	—	—
626	B & O GE 44-ton Switcher, 1959	75	175	—	—	—
627	L V GE 44-ton Switcher, 1956-57	40	90	—	—	—
628	N P GE 44-ton Switcher, 1956-57	40	100	—	—	—
629	Burlington GE 44-ton, 1956	75	200	—	—	—
633	Santa Fe NW-2 Switcher, 1962	40	95	—	—	—
634	Santa Fe NW-2, 1963, 1965-66	25	60	—	—	—
635	Union Pacific NW-2 Switcher, 1963	30	70	—	—	—
637	2-6-4, 2046W tender, 1960	40	85	—	—	—
638/2361	Van Camp's Pork & Beans Boxcar	7	20	—	—	—
645	Union Pacific NW-2 Switcher, 1969	30	70	—	—	—

		Good	Exc	Color	Cond	$
646	Steam, 4-6-4, 2046W tender, 1954-58	75	175	——	——	——
665	Steam, 4-6-4, 2046W/6026W tdr., 54-59	60	135	——	——	——
671	Steam, 6-8-6, 671W tender, 1946-49	50	150	——	——	——
671RR	Steam, 6-8-6, 671W tender, 1952	75	150	——	——	——
675	2-6-2, 2466W/2466WX/6466WX, 1947	45	115	——	——	——
681	Steam Turbine, 6-8-6, 2046W-50/2671W/2671WX tender, 1950-51					
		75	170	——	——	——
682	Steam, 6-8-6, 2046W-50 tdr., 1954-55	150	250	——	——	——
685	Steam, 4-6-4, 6026W tdr., 1953	75	175	——	——	——
703-10	Special Smoke Bulb, 1946	—	3	——	——	——
726	(A) Steam, 2-8-4 Berkshire, 1946	200	375	——	——	——
726	(B)(C) Steam, 2-8-4, 1947-49	200	375	——	——	——
726RR	Steam, 2-8-4 Berkshire, 1952	100	225	——	——	——
736	2-8-4, 2046W/736W/267W, 1950-66	100	225	——	——	——
746	(A) 4-8-4, N&W, short stripe tdr., 57	300	750	——	——	——
746	(B) 4-8-4, N&W, long stripe tdr., 58-60	200	650	——	——	——
760	O72 curved track, 16 sections, 1954-57	15	35	——	——	——
773	(A) Steam, 4-6-4, 2426W tdr., 1950	475	1100	——	——	——
773	(B) Steam, 4-6-4, 1964	400	775	——	——	——
773	(C) Steam, 4-6-4, 1965-66	400	800	——	——	——
909	Smoke Fluid, 1957-58	—	2	——	——	——
919	Artificial Grass, 1946-64	—	3	——	——	——
920	Scenic Display Set, 1957-58	15	60	——	——	——
920-2	Tunnel Portals, pair, 1958	8	20	——	——	——
920-5	Artificial Rock, 1958	.50	2	——	——	——
920-8	Lichen, 1958	.50	2	——	——	——
925	Lionel Lubricant, tube, 1946-69	.50	2	——	——	——
926	Lionel Lubricant, tube, 1955	.25	1	——	——	——
926-5	Instruction Booklet, 1946-48	.25	1	——	——	——
927	Lubricating Kit, 1950-53	2	7	——	——	——
928	Maintenance & Lubricating Kit, 60-63	2	5	——	——	——
943	Ammo Dump, 1959-61	4	8	——	——	——
950	U.S. Railroad Map, 1958-66	3	12	——	——	——
951	Farm Set, 1958	3	20	——	——	——
952	Miniature Figure Set, 1958	3	15	——	——	——
953	Miniature Figure Set, 1960-62	2	15	——	——	——
954	Swimming Pool & Playgrd. Set, 1959	3	15	——	——	——
955	Farm Building and Animal Set, 1958	3	15	——	——	——
956	Stockyard Set, 1959	3	15	——	——	——
957	Farm Building and Animal Set, 1958	3	15	——	——	——
958	Vehicle Set, 1958	3	15	——	——	——
959	Barn Set, 1958	3	15	——	——	——
960	Barnyard Set, 1959-61	3	15	——	——	——
961	School Set, 1959	3	15	——	——	——
962	Turnpike Set, 1958	3	18	——	——	——
963	Frontier Set, 1959-60	3	15	——	——	——
964	Factory Set, 1959	3	18	——	——	——
965	Farm Set, 1959	3	15	——	——	——
966	Fire House Set, 1958	3	15	——	——	——
967	Post Office Set, 1958	3	15	——	——	——

		Good	Exc	Color	Cond	$
968	TV Transmitter Set, 1958	7	20	—	—	—
969	Construction Set, 1960	10	30	—	—	—
970	Ticket Booth, 1958-60	25	50	—	—	—
971	Lichen Package, 1960-64	2	4	—	—	—
972	Landscape Tree Assortment, 1961-64	2	4	—	—	—
973	Complete Landscaping Set, 1960-64	3	6	—	—	—
974	Scenery Set, 1962-63	4	8	—	—	—
980	Ranch Set, 1960	3	15	—	—	—
981	Freight Yard Set, 1960	3	15	—	—	—
982	Suburban Split Level Set, 1960	3	15	—	—	—
983	Farm Set, 1960-61	10	35	—	—	—
984	Railroad Set, 1961-62	3	15	—	—	—
985	Freight Area Set, 1961	7	18	—	—	—
986	Farm Set, 1962	5	15	—	—	—
987	Town Set, 1962	10	35	—	—	—
988	Railroad Structure Set, 1962	6	15	—	—	—
1001	Steam, 2-4-2, 1001T tender, 1948	12	25	—	—	—
1002	Lionel Gondola, silver or red, 1949	40	150	—	—	—
1002	Lionel Gondola, blue or black, 1949	1	2	—	—	—
1004	P R R Baby Ruth Boxcar, 1949-51	2	4	—	—	—
1005	Sunoco 1-D Tank car, 1948-50	1	3	—	—	—
1007	Lionel Lines Cab., SP Type 3, 1948-52	1	2	—	—	—
1008	Uncoupling Unit, (O27), 1957	.50	1	—	—	—
1008-50	Uncoupling Track, (O27), 1948	.25	1	—	—	—
1010	Transformer, 35 watts, 1961-66	1	1.50	—	—	—
1011	Transformer, 25 watts, 1948-49	1	1.50	—	—	—
1012	Transformer, 40 watts, 1950-54	1	1.50	—	—	—
1013	Curved Track, (O27), 1945-69	.10	.20	—	—	—
1013-17	Steel Pins, (O27), 1946-60	—	.05	—	—	—
1013-42	Steel Pins, (O27), 1961-68	—	.60	—	—	—
1015	Transformer, 45 watts, 1956-60	1	1.50	—	—	—
1016	Transformer, 35 watts, 1959-60	1	1.50	—	—	—
1018-1/2	Straight Track, (O27), 1955-59	.10	.30	—	—	—
1018	Straight Track, (O27), 1945-69	.10	.30	—	—	—
1019	Remote Control Track Set, (O27)	1.50	5	—	—	—
1020	90° Crossing, (O27), 1955-69	1.50	3	—	—	—
1021	90° Crossing, (O27), 1945-54	1.50	3	—	—	—
1022	Man. Switches, pair, (O27), 1953-69	2	10	—	—	—
1023	45° Crossing, (O27), 1955-69	1.50	3	—	—	—
1024	Manual Switches, pr., (O27), 1946-52	5	10	—	—	—
1025	Transformer, 45 watts, 1961-69	3	10	—	—	—
1025	Illuminated Bumper, (O27), 1946-47	1	1.50	—	—	—
1026	Transformer, 25 watts, 1963-64	1	1.50	—	—	—
1032	Transformer, 75 watts, 1948	9	14	—	—	—
1033	Transformer, 90 watts, 1948-56	20	30	—	—	—
1034	Transformer, 75 watts, 1948-54	15	20	—	—	—
1037	Transformer, 40 watts, 1946-47	1	1.50	—	—	—
1041	Transformer, 60 watts, 1945-46	5	7	—	—	—
1042	Transformer, 75 watts, 1947-48	9	14	—	—	—
1043(A)	Trans., 50 watts, black, 1953-57	2	3	—	—	—

		Good	Exc	Color	Cond	$
1043(B)	Transformer, 60 watts, ivory, 1957	40	50	——	——	——
1044	Transformer, 90 watts, 1957-59	20	30	——	——	——
1045	Operating Watchman, 1946-50	8	20	——	——	——
1047	Operating Switchman, 1959-61	30	100	——	——	——
1050	Steam, 0-4-0, 1050 tdr., (O27), 1959	12	25	——	——	——
1053	Transformer, 60 watts, 1956-60	5	8	——	——	——
1055	Texas Special Alco A unit, 1959-60	15	40	——	——	——
1060	Steam, 2-4-2, 1050T, 1130T tdr., 60-61	12	25	——	——	——
1061	Steam, 0-4-0, 1963-64; 2-4-2, 1969	12	25	——	——	——
1062	Steam, 2-4-2, 1963-64	12	25	——	——	——
1063	Transformer, 75 watts, 1960-64	9	14	——	——	——
1065	Union Pacific Alco A unit, 1961	15	40	——	——	——
1066	Union Pacific Alco A unit, 1964	15	40	——	——	——
1073	Transformer, 60 watts, 1962-66	3	5	——	——	——
1101	Steam, 2-4-2, 1948	12	25	——	——	——
1101	Transformer, 25 watts, 1948	1	1.50	——	——	——
1110	Steam, 2-4-2, 1949, 1951-52	12	25	——	——	——
1120	Steam, 2-4-2, 1950	12	25	——	——	——
1121	R.C. Switches, pair, (O27), 1946-51	7	25	——	——	——
1122	R.C. Switches, pair, (O27), 1952-53	10	30	——	——	——
1122-34	R.C. Switches, pair, 1952-53	10	35	——	——	——
1122-500	O27 Gauge adapter, 1957-66	.25	1	——	——	——
1122E	R.C. Switches, pair, (O27), 1953-69	10	35	——	——	——
1130	Steam, 2-4-2, 1130T tender, 1950	12	25	——	——	——
1203	B & M NW-2 Switcher, cab only, 1972	—	25	——	——	——
1615	Steam, 0-4-0, 1615T tender, 1955-57	55	140	——	——	——
1625	Steam, 0-4-0, 1625 tender, 1958	65	200	——	——	——
1640-100	Presidential Kit, 1960	10	25	——	——	——
1654	Steam, 2-4-2, 1654T/1654W tdr., 46-47	15	30	——	——	——
1655	Steam, 2-4-2, 6654W tender, 1948-49	15	35	——	——	——
1656	Steam, 0-4-0, 6403 tender, 1948-49	125	225	——	——	——
1665	Steam, 0-4-0, 2403B tender, 1946	125	275	——	——	——
1666	Steam, 2-6-2, 6654W/2466WX, 46-47	25	70	——	——	——
1862	4-4-0 General, 1862 tender, 1959-62	75	175	——	——	——
1865	Western & Atlantic Coach, 1959-62	13	30	——	——	——
1866	Western & Atlantic Bagg., 1959-62	17	30	——	——	——
1872	4-4-0 General, 1872T/1875W tender, 1959-62	100	250	——	——	——
1875	Western & Atlantic Coach, 1959-62	40	100			
1875W	Western & Atlantic Coach, 1959-62	40	80	——	——	——
1876	Western & Atlantic Baggage, 1959-62	25	60	——	——	——
1877	Flatcar w/fence and horses, 1959-62	60	125	——	——	——
1882	4-4-0 General, 1882T tender, 1959-62	150	450	——	——	——
1885	Western & Atlantic Coach, 1959	75	250	——	——	——
1887	Flatcar w/ fences and horses, 1959	60	125	——	——	——
2003	Track "Make-up" Kit for "O27 Track", 1963	NRS	NRS	——	——	——
2016	Steam, 2-6-4, 6026W tender, 1955-56	20	60	——	——	——
2018	Steam, 2-6-4, 6026W tender, 1955-56	25	65	——	——	——
2020	Steam, 6-8-6, 2020W tender, 1946-47	25	140	——	——	——

w/ 2466 WX tender

		Good	Exc	Color	Cond	$
2023	Union Pacific Alco AA units, 1950-51	50	120	—	—	—
2024	Chesapeake & Ohio Alco A, 1969	15	35	—	—	—
2025	2-6-2, 2-6-4, 2460WX/2466WX/6466WX/6466W tender, 1947-49, 1952	50	95	—	—	—
2026	2-6-2, 6466T/6466W/6466WX tender, 1948-49, 1951-53	40	70	—	—	—
2028	Pennsylvania GP-7, 1955	90	250	—	—	—
2029	Steam, 2-6-4, 243W tender, 1964-69	40	70	—	—	—
2031	Rock Island Alco AA, 1952-54	75	200	—	—	—
2032	Erie Alco AA units, 1952-54	70	125	—	—	—
2033	Union Pacific Alco AA, 1952-54	60	150	—	—	—
2034	Steam, 2-4-2, 1952	20	35	—	—	—
2035	Steam, 2-6-4, 2466W tender, 1950-51	50	75	—	—	—
2036	Steam, 2-6-4, 6466W tender, 1950	40	70	—	—	—
2037	Steam, 2-6-4, black engine, 1954-55, 1957-58	50	85	—	—	—
2037/500	Steam, 2-6-4, pink engine, 1957*	300	500	—	—	—
2041	Rock Island Alco AA, 1969	40	90	—	—	—
2046	Steam, 4-6-4, 2046W tender, 1950-53	100	175	—	—	—
2055	Steam, 4-6-4, 1025W/2046W, 1953-55	65	140	—	—	—
2056	Steam, 4-6-4, 2046W tender, 1952	90	190	—	—	—
2065	Steam, 4-6-4, 2046W/6026W, 1954-57	80	140	—	—	—
2240	Wabash F-3 AB units, 1956	200	325	—	—	—
2242	New Haven F-3 AB units, 1958-59	175	350	—	—	—
2243	Santa Fe F-3 AB units, 1955-57	75	175	—	—	—
2243C	Santa Fe F-3 B unit, 1955-57	45	80	—	—	—
2245	Texas Special F-3 AB, 1954-55	100	250	—	—	—
2257	Lionel SP Type 1 caboose, 1948	5	12	—	—	—
2321	Lackawanna Trainmaster, 1954-56					
	(A) Gray roof	175	300	—	—	—
	(B) Maroon roof	200	400	—	—	—
2322	Virginian Trainmaster, 1965-66	215	350	—	—	—
2328	Burlington GP-7, 1955-56	80	200	—	—	—
2329	Virginian Rectifier, 1958-59	150	325	—	—	—
2330	Pennsylvania GG-1, green, 1950	225	450	—	—	—
2331	Virginian Trainmaster, 1955-58	300	600	—	—	—
2332	Pennsylvania GG-1, 1947-49	350	650	—	—	—
2333	Santa Fe F-3 AA units, 1948-49	90	200	—	—	—
2333	N Y C F-3 AA units, 1948-49	100	250	—	—	—
2337	Wabash GP-7, 1958	90	225	—	—	—
2338	Milwaukee Road GP-7, 1955-56	100	225	—	—	—
2339	Wabash GP-7, 1957	90	225	—	—	—
2340	Pennsylvania GG-1, 1955	225	550	—	—	—
2341	Jersey Central Trainmaster, 1956	400	750	—	—	—
2343	Santa Fe F-3 AA units, 1950-52	150	250	—	—	—
2343C	Santa Fe F-3 B unit, 1950-55	40	125	—	—	—
2344	N Y C F-3 AA units, 1950-52	125	275	—	—	—
2344C	N Y C F-3 B unit, 1950-52	60	125	—	—	—
2345	Western Pacific F-3 AA, 1952	200	500	—	—	—

*Excellent reproductions have been made.

		Good	Exc	Color	Cond	$
2346	Boston & Maine GP-9, 1965-67	75	150	——	——	——
2347	C & O GP-7, 1962	600	1500	——	——	——
2348	M & St L GP-9, 1958-59	100	225	——	——	——
2349	Northern Pacific GP-9, 1959-60	100	250	——	——	——
2350	New Haven EP-5, 1956-58	90	200	——	——	——
2351	Milwaukee EP-5, 1957-58	150	300	——	——	——
2352	Pennsylvania EP-5, 1958-59	175	350	——	——	——
2353	Santa Fe F-3 AA units, 1953-55	100	225	——	——	——
2354	N Y C F-3 AA units, 1953-55	110	250	——	——	——
2355	Western Pacific F-3 AA, 1953	200	475	——	——	——
2356	Southern F-3 AA units, 1954-56	175	400	——	——	——
2356C	Southern F-3 B unit, 1954-56	100	175	——	——	——
2357	Lionel SP Type 1 or 2 Cab., 1948	5	12	——	——	——
2358	Great Northern EP-5, 1959-60	200	400	——	——	——
2359	Boston & Maine GP-9, 1961-62	75	150	——	——	——
2360	Penn GG-1, 1956-58, 1961-63	250	650	——	——	——
2363	Illinois Central F-3 AB, 1955-56	175	400	——	——	——
2365	C & O GP-7, 1962-63	80	175	——	——	——
2367	Wabash F-3 AB units, 1955	175	400	——	——	——
2368	B & O F-3 AB units, 1956	225	550	——	——	——
2373	Canadian Pacific F-3 AA units, 1957	400	700	——	——	——
2378	Milwaukee Road F-3 AB units, 1956	275	600	——	——	——
2379	Rio Grande F-3 AB units, 1957-58	200	375	——	——	——
2383	Santa Fe F-3 AA units, 1958-66	125	225	——	——	——
2400	Maplewood Pullman, green, 1948-49	15	45	——	——	——
2401	Hillside Observation, green, 1948-49	15	45	——	——	——
2402	Chatham Pullman, green, 1948-49	15	45	——	——	——
2404	Santa Fe Vista Dome, 1964-65	12	22	——	——	——
2405	Santa Fe Pullman, 1964-65	12	22	——	——	——
2406	Santa Fe Observation, 1964-65	12	22	——	——	——
2408	Santa Fe Vista Dome, 1964-65	12	25	——	——	——
2409	Santa Fe Pullman, 1964-65	12	25	——	——	——
2410	Santa Fe Observation, 1964-65	12	25	——	——	——
2411	Flatcar w/big pipes, die-cast, 1946-48	5	15	——	——	——
2412	Santa Fe Vista Dome, 1959-63	12	30	——	——	——
2414	Santa Fe Pullman, 1959-63	12	30	——	——	——
2416	Santa Fe Observation, 1959-63	12	30	——	——	——
2419	D L & W Work Caboose, 1946-47	15	30	——	——	——
2420	D L & W Work Cab., w/light, 46-49	20	55	——	——	——
2421	Maplewood Pullman, 1950, 1952-53	20	40	——	——	——
2422	Chatham Pullman, 1950, 1952-53	20	40	——	——	——
2423	Hillside Observation, 1950, 1952-53	20	40	——	——	——
2429	Livingston Pullman, 1950, 52-53	20	45	——	——	——
2430	Pullman, 1946-47	12	25	——	——	——
2431	Observation, 1946-47	12	25	——	——	——
2432	Clifton Vista Dome, 1954-58	12	30	——	——	——
2434	Newark Pullman, 1954-58	12	30	——	——	——
2435	Elizabeth Pullman, 1954-58	12	30	——	——	——
2436	Summit Observation, 1954-58	12	30	——	——	——
2436	Mooseheart Observation, 1957-58	20	45	——	——	——

		Good	Exc	Color	Cond	$
2440	Pullman, 1946-47	15	30	——	——	——
2441	Observation, 1946-47	15	30	——	——	——
2442	Clifton Vista Dome, 1955-56	15	40	——	——	——
2442	Pullman 1946-47	15	40	——	——	——
2443	Observation, 1946-47	15	40	——	——	——
2444	Newark Pullman, 1955-56	15	40	——	——	——
2445	Elizabeth Pullman, 1955-56	20	50	——	——	——
2446	Summit Observation, 1955-56	15	40	——	——	——
2452	Pennsylvania Gondola, 1945-47	2	6	——	——	——
2454	Pennsylvania Boxcar, 1945-46	20	100	——	——	——
2454	Baby Ruth Boxcar, "PRR" logo, 1946	5	15	——	——	——
2456	Lehigh Valley Short Hopper	5	15	——	——	——
2457	Pennsylvania Caboose, N5, 1946-47	10	25	——	——	——
2458X	Pennsylvania, Boxcar, 1947	25	50	——	——	——
2460	Bucyrus Erie Crane, 12-whl., 1946-50	15	35	——	——	——
2461	Transformer Car, 1947-48	15	35	——	——	——
2465	Sunoco 2-D Tank Car, 1946-48	4	10	——	——	——
2472	Pennsylvania Caboose, N5, 1945-47	4	10	——	——	——
2481	Plainfield Pullman, yellow, 1950	40	130	——	——	——
2482	Westfield Pullman, yellow, 1950	40	130	——	——	——
2483	Livingston Observation, yellow, 1950	40	130	——	——	——
2521	President McKinley Obs., 1962-66	40	75	——	——	——
2522	President Harrison Dome, 1962-66	40	75	——	——	——
2523	President Garfield Pullman, 1962-66	40	75	——	——	——
2530	Railway Exp. Agency Bagg., 1953-60	50	85	——	——	——
2531	Silver Dawn Observation, 1952-60	25	55	——	——	——
2532	Silver Range Vista Dome, 1952-60	25	55	——	——	——
2533	Silver Cloud Pullman, 1952-60	25	55	——	——	——
2534	Silver Bluff Pullman, 1952-60	40	80	——	——	——
2541	Alexander Hamilton Obs., 55-56*	50	110	——	——	——
2542	Betsy Ross Vista Dome, 1955-56*	50	110	——	——	——
2543	William Penn Pullman, 1955-56*	50	110	——	——	——
2544	Molly Pitcher Pullman, 1955-56*	50	110	——	——	——
2550	B & O RDC Bagg. Mail Car, 1957-58	120	250	——	——	——
2551	Banff Park Observation., 1957*	75	150	——	——	——
2552	Skyline 500 Vista Dome, 1957*	75	140	——	——	——
2553	Blair Manor Pullman, 1957*	100	175	——	——	——
2554	Craig Manor Pullman, 1957*	125	175	——	——	——
2555	Sunoco 1-D Tank Car, 1946-48	12	30	——	——	——
2559	B & O RDC Pass. Car, 1957-58	100	200	——	——	——
2560	Lionel Lines Crane, 8-whl., 1946-47	15	35	——	——	——
2561	Vista Valley Observation, 1959-61*	50	175	——	——	——
2562	Regal Pass Vista Dome, 1959-61*	50	175	——	——	——
2563	Indian Falls Pullman, 1959-61*	50	175	——	——	——
2625	Madison Pullman, 46-47*	60	150	——	——	——
2625	Manhattan Pullman, 12-whl., 1946-47*	60	150	——	——	——
2625	Irvington Pullman, 12-whl., 1946-50*	50	150	——	——	——
2627	Madison Pullman, 12-whl., 1948-50*	50	150	——	——	——
2628	Manhattan Pullman, 12-whl., 1948-50*	50	150	——	——	——

*Excellent reproductions have been made

		Good	Exc	Color	Cond	$
2630	Pullman, metal, 1946	15	30	——	——	——
2631	Observation, metal, 1946	15	30	——	——	——
2671	TCA Tender, 1968	—	75	——	——	——
2755	SUNX 1-D Tank Car, 1945	20	70	——	——	——
X2758	Pennsylvania Boxcar, 1945-46	10	30	——	——	——
2855	SUNX 1-D Tank Car, 1946	40	100	——	——	——
X2954	Penn Scale Boxcar, 1941-42	150	275	——	——	——
2955	SUNX 1-D Scale Tank, 40-42, 46	110	275	——	——	——
2956	B & O Scale Hopper Car, 1946	100	250	——	——	——
2957	NYC Scale Caboose, 1946	70	220	——	——	——
(3309)	Turbo Missile Launch Car, 1960	10	35	——	——	——
3330	Flatcar with Submarine kit, 1960-62	20	50	——	——	——
3330-100	Oper. Submarine Kit, 1960-61	10	25	——	——	——
3349	Missile Launching Car, 1960	10	35	——	——	——
3356	Santa Fe Express, 1957-60, 1964-66	30	40	——	——	——
3356-150	Horse Corral Car Set	10	25	——	——	——
3357	Hydraulic Maintenance Car	15	35	——	——	——
3359-55	Lionel Lines Two-bin Dump, 55-58	9	25	——	——	——
3360	Burro Crane, 1956-57	80	200	——	——	——
3361-55	Oper. Log Dump Car, 1955, 1958	8	20	——	——	——
3362	Flatcar with Helium Tanks, 1961-63	8	25	——	——	——
3364	Log Dump Car, 1965-69	7	15	——	——	——
3366	Circus Car Corral Set, 1959-62	80	120	——	——	——
3366	Circus Car, 1959-62	45	70	——	——	——
3366-100	(9) White Horses, 1959-60	5	10	——	——	——
3370	Western & Atlantic Outlaw Car	15	35	——	——	——
3376	Bronx Zoo Car, 1960-69	17	35	——	——	——
3376	Giraffe Activator Unit	12	25	——	——	——
3386	Bronx Zoo Car, (O27)	20	50	——	——	——
3409	Helicopter Car, 1961-62	14	35	——	——	——
3409	Satellite Car, 1961	25	65	——	——	——
3410	Helicopter Car, 1961-62	13	40	——	——	——
3413	Mercury Capsule Car, 1962-64	25	65	——	——	——
3419	Helicopter Car, 1959-65	13	35	——	——	——
3424-100	Low Bridge Signal Set	8	18	——	——	——
3424	Wabash Operating Boxcar, 1956-58	20	40	——	——	——
3428	U. S. Mail Operating Boxcar, 1959	10	25	——	——	——
3429	USMC Helicopter Car, 1960	30	80	——	——	——
3434	Poultry Dispatch Car, 59-60, 65-66	30	90	——	——	——
3435	Traveling Aquarium Car, 1959-62	40	80	——	——	——
3444	Erie Operating Gondola, 1957-59	25	45	——	——	——
3451	Operating Log Dump Car, 1946-47	10	25	——	——	——
3454	PRR Oper. Merchandise Car, 46-47	30	80	——	——	——
3456	N & W Operating Hopper, 1951-55	12	25			
3459	Lionel Lines Oper. Dump Car, 46-48	9	25	——	——	——
3460	Flatcar with Trailers, 1955	15	35	——	——	——
3461	Lionel Oper. Log Car, 1949	10	25	——	——	——
3462	Automatic Milk Car, 1947-48	30	60	——	——	——
3462P	Milk Car Platform	2	5	——	——	——
3464	AT&SF Oper. Boxcar, 1949-50, 52	5	20	——	——	——

		Good	Exc	Color	Cond	$
X3464	N Y C Operating Boxcar, 1952	5	20	——	——	——
3469	Lionel Lines Oper. Dump Car, 1949-55	9	25	——	——	——
3470	Target Launcher, 1962-64	12	40	——	——	——
3472	Automatic Milk Car	15	35	——	——	——
3474	Western Pacific Boxcar, 1952-53	10	40	——	——	——
3482	Automatic Milk Car, 1954-55	15	40	——	——	——
3484	Pennsylvania Operating Boxcar, 53	12	40	——	——	——
3484-25	A T & S F Oper. Boxcar, 1954-57	20	90	——	——	——
3494-1	N Y C Pacemaker Boxcar, 1955	20	90	——	——	——
3494/150	MP Operating Boxcar, 1956	35	45	——	——	——
3494/275	State of Maine Oper. Box., 1956	30	55	——	——	——
3494/550	Monon Operating Boxcar, 1957	100	200	——	——	——
3494/625	SOO Operating Boxcar, 1957	100	200	——	——	——
3509	Satellite Car, 1961	15	40	——	——	——
3510	Satellite Car, 1961-62	9	30	——	——	——
3512	Ladder Co. Car, 1959-61	22	70	——	——	——
3519	Satellite Car, 1961-64	15	35	——	——	——
3520	Searchlight Car, die-cast, 1952-53	15	30	——	——	——
3530	GM Electro Mobile Power, 1956-58	30	60	——	——	——
3530	Searchlight Car with Pole and Base	25	75	——	——	——
3535	AEC Security Car, 1960-61	20	50	——	——	——
3540	Operating Radar Car, 1959-60	22	90	——	——	——
3545	Lionel TV Car, 1961-62	25	90	——	——	——
3559	Operating Coal Dump Car, 1946	7	15	——	——	——
3562-50	AT&SF Operating Barrel Car, 1955-57	15	40	——	——	——
3562-1	AT&SF Oper. Barrel Car, 1954	45	100	——	——	——
3562-25	AT&SF Operating Barrel Car, (red lettering), 1954	60	75	——	——	——
3562-25	AT&SF Operating Barrel Car, (blue lettering), 1954	15	30	——	——	——
3562-75	AT&SF Oper. Barrel Car, 1958	15	55	——	——	——
3619	Helicopter Car, 1962-64	25	60	——	——	——
3620	Searchlight Car, 1954-56	12	25	——	——	——
3650	Extension Searchlight Car, 1956-59	10	40	——	——	——
3656	Armour Operating Cattle Car, 49-55	7	15	——	——	——
3656	Stockyard with Cattle	18	50	——	——	——
3662-01	Automatic Milk Car, 1955-60, 64-66	30	55	——	——	——
3665	Minuteman Operating Car, 1961-64	20	45	——	——	——
3666	Minuteman Boxcar w/Missile	100	200	——	——	——
3672	Bosco Boxcar, 1959-60	70	175	——	——	——
3820	Flatcar with Submarine, 1960-62	17	45	——	——	——
3830	Flatcar with Submarine, 1960-63	12	35	——	——	——
3854	Oper. Merchandise Car, 1946-47	150	320	——	——	——
3927	Lionel Lines Track Cleaner, 1956-60	50	100	——	——	——
3927	Track Cleaning Fluid, 1957-69	.50	2	——	——	——
3927-75	Track Cleaning Fluid, 1957-69	.50	2	——	——	——
4357	Penn N5 Caboose, electric, 1948-50	25	65	——	——	——
4452	Penn Gondola, electronic, 1946-48	30	60	——	——	——
4454	Baby Ruth PRR Boxcar, electr., 46	20	50	——	——	——

		Good	Exc	Color	Cond	$
4457	Penn N5 Caboose, elec., 1946-47	25	65	—	—	—
4671	St m, 6-8-6, 4671W tdr., electr., 46-49	75	150	—	—	—
4776-18	(See 2472, 2457)					
5159	Maintenance Kit, 1964-68	1	3	—	—	—
5159-50	Maintenance & Lubricant Kit, 1969	1	3	—	—	—
5160	Viewing Stand,	50	100	—	—	—
5364-17	(See 6417)					
5459	Lionel Lines Dump Car, electr., 1946	22	60	—	—	—
5764-27	(See 6427-500)					
6002	N Y C Gondola, (O27), 1949	4	10	—	—	—
6004	Baby Ruth P R R Boxcar, (O27), 1950	1	3	—	—	—
X6004	Baby Ruth P R R Boxcar, (O27) 1951	2	5	—	—	—
6007	Lionel Lines SP Type 3 Cab., (O27), 50	1	2	—	—	—
6012	Lionel Gondola, 1955-56	1	2	—	—	—
6014	Airex Boxcar, (O27)	NRS	NRS	—	—	—
6014	Bosco P R R Boxcar, (O27), 1958	4	9	—	—	—
6014	Campbell Soup Boxcar, (O27), 69	NRS	NRS	—	—	—
6014	Chun King Boxcar, (O27)	50	100	—	—	—
6014	Frisco Boxcar, (O27)	4	9	—	—	—
X6014	Baby Ruth P R R Boxcar, (O27)	2	4	—	—	—
6014	Wix Boxcar, (O27), uncatalogued	50	100	—	—	—
6015	Sunoco 1-D Tank Car, (O27), 1954-55	2	6	—	—	—
6017	Lionel Lines S P Cab., (O27), 1951-61	2	4	—	—	—
6017-50	USMC Caboose, 1958	12	25	—	—	—
6017-100	B&M SP Caboose, 1959, 1964-65	7	15	—	—	—
6017-185	AT&SF SP Type 4 Cab., 1959	5	20	—	—	—
6017-200	U.S. Navy SP Type 4 Cab., 1960	15	30	—	—	—
6017-225	AT&SF Type 4 Caboose	7	25	—	—	—
6017-235	AT&SF SP Type 4 Caboose	15	35	—	—	—
6019	RCS Track Set, (O27), 1948-66	1	3	—	—	—
6024	Nab. Shredded Wheat Boxcar, 1957	10	20	—	—	—
6024	RCA Whirlpool Boxcar, (O27), 1969	30	55	—	—	—
6025	Gulf 1-D Tank Car, (O27), 1950-57	2	6	—	—	—
6027	Alaska SP Type 2A Caboose, 1959	15	30	—	—	—
6029	Uncoupling Track, (O27), 1955, 61-63	.25	1	—	—	—
6032	Lionel Gondola, black, (O27), 1952-53	1	2	—	—	—
X6034	Baby Ruth PRR Boxcar, (O27), 53	5	12	—	—	—
6035	Sunoco 1-D Tank Car, (O27), 1952-53	1	3	—	—	—
6037	Lionel Lines S P Type 3A, (O27), 52-54	1	2	—	—	—
0042	Lionel Gondola, (O27), uncatalogued	1	2	—	—	—
6042-125	Lionel Gondola, (O27), blue plastic	1	2	—	—	—
6044	Airex Boxcar, (O27), orange lettering	40	80	—	—	—
6044	Airex Boxcar, uncat., yellow lettering	5	12	—	—	—
6045	Lionel Lines 2-D Tank Car, 1958, 1963	2	6	—	—	—
6045	Cities Serv. 2-D Tank, uncat., 1960	6	12	—	—	—
6047	Lionel Lines SP Type 2A/4 Cab., 1962	1	2	—	—	—
6050	Lionel Savings Bank Boxcar, 1961	9	18	—	—	—
6050	Swift Refrigerator, 1962	10	20	—	—	—
6050	Libby's Box., no green stem, 1961	50	100	—	—	—
6050	Libby's Box., green stem on decal, 61	12	25	—	—	—

		Good	Exc	Color	Cond	$
6057	Lionel Lines SP Type 1A/4 Cab., 59-62	1	2	——	——	——
6057-50	Lionel Lines SP Type 4 Cab., 1962	4	25	——	——	——
6058	C&O SP Type 4 Caboose, 1961	9	17	——	——	——
6059-50	M St L SP Type 4 Cab., 1961-63	3	8	——	——	——
6059-60	M St L SP Type 4 Cab., 1963-69	3	8	——	——	——
6062	N Y C Gondola, 1959-64	3	10	——	——	——
6062-50	N Y C Gondola, 1968-69	2	8	——	——	——
6067	Caboose, (no letters), SP Type, 1962	1	2	——	——	——
6076	Lehigh Valley Hopper	4	8	——	——	——
6076	ATSF Hopper, 1963	9	20	——	——	——
6076	Hopper, gray, no lettering	4	8	——	——	——
6109	Flatcar w/Logs, gray, 1952	4	15	——	——	——
6110	Steam 2-4-2, 1950-51	12	25	——	——	——
6111	Flatcar w/Pipes, red, 1957	2	5	——	——	——
6111	Flatcar w/Logs, yellow, 1955	2	65	——	——	——
6111	Flatcar w/unknown load, gray, 55-56	1	2	——	——	——
6112	Lionel Gondola, 1960	1	3	——	——	——
6112	Lionel Gondola, 1956-58	1	3	——	——	——
6112-135	Lionel Gondola, black plastic	1	3	——	——	——
6119	DL&W Work Caboose, 1955-56	10	25	——	——	——
6119-25	DL&W Work Caboose, 1957-59	10	20	——	——	——
6119-100	DL&W Work Caboose, 1963-66	7	15	——	——	——
6120	Work Caboose, no lettering, 1962	4	8	——	——	——
6121	Flatcar with Pipes, yellow, 1955	2	5	——	——	——
6130	AT&SF Work Caboose, 1965-68	10	18	——	——	——
6142	Lionel Gondola, 1961-66, 1970	1	2	——	——	——
6142-50	Lionel Gondola, green, 1961-63, 66	1	2	——	——	——
6142-75	Lionel Gondola, blue, 1961-63	1	2	——	——	——
6142-100	Lionel Gondola, green	1	2	——	——	——
6142-150	Lionel Gondola, blue	1	2	——	——	——
6142-175	Lionel Gondola	1	2	——	——	——
6149	R.C. Uncoupling Track, (O27), 64-69	.25	1	——	——	——
6151	Flatcar with Patrol Truck, 1958	12	40	——	——	——
6162	N Y C Gondola, 1961-69	2	7	——	——	——
6162-60	Alaska Gondola, 1959	20	35	——	——	——
6167	Lionel Lines SP Type 4 Cab., 1963	1	2	——	——	——
(6167-25)	Caboose, red, no letters, SP4	1	3	——	——	——
(6167-50)	Cab., yellow, no letters, SP4, 64	1	4	——	——	——
6167-85	U P SP Type 4 Caboose, 1964-69	6	15	——	——	——
(6167-100)	Cab., no lettering, SP Type 4, 64	1	2	——	——	——
6167-125	Cab., no lettering, SP Type 4, 64	1	2	——	——	——
6175	Flatcar with rocket	20	50	——	——	——
6176	Lehigh Valley Hopper	3	7	——	——	——
(6176)	Hopper (no lettering), yellow	3	7	——	——	——
6219	C&O Work Caboose, 1960	10	35	——	——	——
6220	Santa Fe NW-2 Switcher, 1949-50	90	200	——	——	——
6250	Seaboard NW-2 Switcher, 1954-55	90	200	——	——	——
6257	Lionel SP Type Caboose, 1948-56	1	3	——	——	——
6257-25	Lionel SP Type 3A Caboose	1	2	——	——	——
6257-50	Lionel SP Type 1 or 3A Caboose	1	2	——	——	——

		Good	Exc	Color	Cond	$
6257-100	Lionel SP Type 4 Caboose	1	2	—	—	—
6262	Flatcar with Wheels, 1956-57	15	35	—	—	—
6264	Flat w/Lumber for Forklift Set, 1957	12	35	—	—	—
6311	Flatcar, 1955	12	30	—	—	—
6315	Gulf 1-D, Chem. Tank 1956-59	8	20	—	—	—
6315	Lionel Lines 1-D Tank Car, 1963-66	7	25	—	—	—
6315-1972	TCA Conv. 1-D Tank, 1972	—	50	—	—	—
6342	NYC Gondola, 1956-58	7	15	—	—	—
6343	Barrel Ramp Car, 1961-62	8	25	—	—	—
6346-56	Alcoa Quad Hopper, 1956 (See 6436-110)					
6352-1	PFE Reefer from Icing Set, 55-57	25	55	—	—	—
6356-1	NYC Stock Car, 2 level, 1954-55	10	25	—	—	—
6357	ATu&SF SP Type 4 Caboose	250	600	—	—	—
6357	Lionel SP Type Caboose, 1948-57	4	12	—	—	—
6357-25	Lionel SP Type 2 Caboose	4	12	—	—	—
6357-50	AT&SF SP Type 4 Caboose	250	600	—	—	—
6361	Flatcar with Timber, 1960-61, 64-69	20	45	—	—	—
6362-55	Truck Car, w/3 trucks, 1956	7	30	—	—	—
6376	Lionel Lines Circus Car, 1956-57	20	50	—	—	—
6401	Flatcar with Van	3	8	—	—	—
6401-50)	Flatcar, olive drab, no number	3	7	—	—	—
6402	Flatcar with Reels or Boat	3	9	—	—	—
6404	Flatcar, 1960	14	35	—	—	—
6405	Flatcar with Trailer, 1961	10	305	—	—	—
6406	Flatcar with Auto, 1960	7	12	—	—	—
6407	Flatcar with Rocket, 1963	60	175	—	—	—
6409-25	Flatcar	3	8	—	—	—
6411	Flatcar with Logs, 1948-50	5	15	—	—	—
6413	Mercury Project Car, 1962-63	15	50	—	—	—
6414	Evans Auto Loader, 1955-57	10	40	—	—	—
6415	Sunoco 3-D Tank Car, 53-55, 64-66, 69	5	15	—	—	—
6416	Boat Loader Car, 1961-63	25	60	—	—	—
6417	Pennsylvania N5C Caboose, 1953-57	10	25	—	—	—
6417-3	(See 6417-25)					
6417-25	Lionel Lines N5C Caboose, 1954	10	25	—	—	—
6417-50	LV N5C Caboose, tuscan, 1954	200	800	—	—	—
6417-50	Lehigh Valley N5C Cab., gray, 1954	20	40	—	—	—
6417-51	(See 6417-50)					
6418	Bridge, metal base, plastic sides	1	4	—	—	—
6418	Flatcar with Steel Girders, 1955-57	17	40	—	—	—
6419	DL&W Work Caboose, 1956-57	10	25	—	—	—
6419-57	N&W Work Caboose, 1957	35	65	—	—	—
6420	DL&W Work Caboose, 1949-50	30	75	—	—	—
6424	Flatcar with 2 Autos, 1956-59	8	30	—	—	—
6425	Gulf 3-D Tank Car, 1956-58	10	25	—	—	—
6426	Sunoco Tank Car,	5	12	—	—	—
6427	Esso Tank Car,	5	12	—	—	—
6427	Lionel Lines N5C Cab., 1955-60	10	25	—	—	—
6427-60	Virginian N5C Caboose, 1958	50	160	—	—	—

	Good	Exc	Color	Cond	$
6427-500 Pennsylvania N5C Cab., 57-58*	50	125	——	——	——
6428 U S Mail Boxcar, 1960-61	8	25	——	——	——
6429 D L & W Work Caboose, 1963	40	120	——	——	——
6430 Flatcar with Cooper-Jarrett Vans	7	30	——	——	——
6431 Flatcar with Vans, 1965	20	50	——	——	——
6434 Poultry Dispatch, 1958-59	30	55	——	——	——
6436-1 L V Quad Hopper, black, 1955	10	25	——	——	——
6436-25 L V Quad Hopper, maroon, 1955	10	25	——	——	——
6436-100 (See 6436-110)					
6436-110 L V Quad Hopper, 1963-68	10	30	——	——	——
6436-500 L V Hop., lilac, "643657", 57-58*	75	175	——	——	——
6436-1969 T C A Quad Hopper, 1969	—	100	——	——	——
6437-25 Penn N5C Caboose, 1961-68	10	25	——	——	——
6440 Flatcar with Vans	15	60	——	——	——
6440 Pullman, 1948-49	15	30	——	——	——
6441 Observation, 1948-49	15	30	——	——	——
6442 Pullman, 1949	18	45	——	——	——
6443 Observation, 1949	18	45	——	——	——
6445 Ft. Knox Gold Reserve, 1961-63	40	80	——	——	——
6446-1 N & W Quad Hopper, "546446", 1954-55	13	35	——	——	——
6446-25 N & W Quad "546446", 1955-57	10	30	——	——	——
6447 Pennsylvania N5C Caboose, 1963	40	120	——	——	——
6448 Target Car, 1961-64	8	15	——	——	——
6452 Pennsylvania Gondola, black	1	2	——	——	——
6454 Erie Boxcar, 1949-53	10	30	——	——	——
6454 Baby Ruth P R R Boxcar, 1948	40	150	——	——	——
6454 S P Boxcar, 1950-53	15	40	——	——	——
6454 Pennsylvania Boxcar, 1949-53	8	25	——	——	——
6454 A T & S F Boxcar, 1948	10	30	——	——	——
6454 N Y C Boxcar, 1951	10	20	——	——	——
6456 Lehigh Valley Short Hopper	5	9	——	——	——
6457 Lionel SP Type, 1949-52	8	18	——	——	——
6460 Bucyrus Erie Crane, 8-whl., 1952-54	15	35	——	——	——
6461 Transformer Car, 1949-50	12	30	——	——	——
6462 Pennsylvania Gondola, black	1	2	——	——	——
6462 N Y C Gondola, black, 1949-54	2	8	——	——	——
6462 N Y C Gondola, green, 1954-56	3	12	——	——	——
6462 N Y C Gondola, red, 1950-52, 1954-56	2	8	——	——	——
6462 Pennsylvania Gondola, 1947-48	1	2	——	——	——
6462-500 N Y C Gon., pink, "6462", 1957*	40	125	——	——	——
6463 Rocket Fuel 2-D Tank, 1962-63	6	15	——	——	——
6464-1 W P Boxcar, blue letter., 53-54	15	30	——	——	——
6464-1 W P Boxcar, red letter., 53-54	500	1200	——	——	——
6464-25 G N Boxcar, orange, 1953-54	15	35	——	——	——
6464-50 M & St. L Boxcar, tuscan, 1953-56	15	30	——	——	——
6464-75 Rock Island Boxcar, 1953-54, 1969	15	35	——	——	——
6464-100 W P Boxcar, 1954-55	30	75	——	——	——

*Excellent reproductions have been made.

		Good	Exc	Color	Cond	$
6464-125	N Y C Boxcar, 1954-56	20	40	——	——	——
6464-150	M P Boxcar, 54-55, 57	25	50	——	——	——
6464-175	Rock Island Boxcar, 1954-55	25	60	——	——	——
6464-200	P R R Boxcar, 1954-55	30	75	——	——	——
6464-225	S P Boxcar, 1954-56	15	45	——	——	——
6464-250	W P Boxcar, 1966-67	15	40	——	——	——
6464-275	State of Maine Box., 1955, 57-59	15	40	——	——	——
6464-300	Rutland Boxcar, 1955-56	15	55	——	——	——
6464-325	B & O Sentinel Boxcar, 1956	80	200	——	——	——
6464-350	M K T Katy Boxcar, 1956	60	150	——	——	——
6464-375	Cent. of Ga. Boxcar, 56-57, 66-67	20	85	——	——	——
6464-400	B & O Timesave Box., 1956-57, 69	15	45	——	——	——
6464-425	New Haven Boxcar, 1956-58	10	60	——	——	——
6460-450	G N Boxcar, 1956-57, 66-67	15	50	——	——	——
6464-475	B & M Boxcar, 57-60, 67-68	10	25	——	——	——
6464-500	Timken Boxcar, 1957-58, 1969	12	50	——	——	——
6464-510	N Y C Pacemaker Box., 57-58	100	325	——	——	——
6464-515	M K T Boxcar, 1957-58	100	350	——	——	——
6464-525	M & St. L Box., 1957-58, 1964-66	10	25	——	——	——
6464-650	D & RGW Box., 1957-58, 1966-67	22	60	——	——	——
6464-700	Santa Fe Boxcar, 1961, 1967	18	75	——	——	——
6464-725	New Haven Boxcar, 1962-68	10	30	——	——	——
6464-825	Alaska Boxcar, yellow & orange lettering, 1959-60	75	150	——	——	——
6464-825	Alaska Box, white letter, 1959-60	—	NRS	——	——	——
6464-900	N Y C P & LE Boxcar, 1960-67	20	50	——	——	——
6464-1965	T C A Pittsburgh Boxcar, 1965	—	250	——	——	——
6464-1970	T C A Chicago Boxcar, 1970	—	90	——	——	——
6464-1971	T C A Disney Boxcar, 1971	—	160	——	——	——
6465	Sunoco 2-D Tank Car, 1948-50	2	6	——	——	——
6465	Cities Service 2-D Tank Car, 1960-62	6	15	——	——	——
6465	Gulf 2-D Tank Car, black, 1958	23	65			
6465	Lionel Lines 2-D Tank Car, 1958	50	4	——	——	——
6465-60	Gulf 2-D Tank Car, gray, 1958	6	12	——	——	——
6467	Bulkhead Flatcar, 1956	13	35	——	——	——
6468-1	B & O Auto Boxcar, blue, 1955	9	18	——	——	——
6468-25	New Haven Auto Boxcar, 1956-58	10	25	——	——	——
6469	Lionel Liquified Gases Car, 1963	25	65	——	——	——
6470	Explosives Car, red, 1959-60	5	12	——	——	——
6472	Refrigerator Car, 1950	5	10	——		
6473	Horse Transport Car, 1962-64	5	10	——	——	——
6475	Heinz 57 Vat Car	60	150	——	——	——
6475	Libby's Crushed Pineapple Vat Car	20	40	——	——	——
6475	Pickles Vat Car, 1960-62	10	25	——	——	——
6476	Lehigh Valley Hopper	5	9	——	——	——
6476-125	Lehigh Valley Hopper	3	10	——	——	——
6476-135	Lehigh Valley Hopper	3	10	——	——	——
6477	Bulkhead Car with Pipes, 1957-58	15	40	——	——	——
6480	Explosives Car, red	8	20	——	——	——
6482	Refrigerator Car, 1957	15	50	——	——	——

		Good	Exc	Color	Cond	$
6500	Flatcar with Bonanza Plane, 1962-65	40	140	——	——	——
6501	Flatcar with Jet Boat, 1963	17	40	——	——	——
6502-50	Flatcar with Bridge Girder, 1962	10	20	——	——	——
(6502-75)	Flatcar w/Bridge Girder, 1962	10	40	——	——	——
6511	Flatcar with Pipes, 1953-56	6	20	——	——	——
6512	Cherry Picker Car, 1962-63	19	50	——	——	——
6517	Lionel Lines Bay Window Cab., 55-59	25	60	——	——	——
6517-1966	TCA Bay Window Cab., 1966	—	220	——	——	——
6517-75	Erie Bay Window Cab., 1966	135	275	——	——	——
6518	Transformer Car, 1956-58	18	55	——	——	——
6519	Allis Chalmers Flat w/load, 1958-61	250	50	——	——	——
6520	Searchlight Car, 1949-51	15	30	——	——	——
6530	Fire Fighting Car, 1960-61	20	45	——	——	——
6536	M & St L Quad Hopper, 1955, 1963	12	35	——	——	——
6544	Missile Firing Car, 1960-64	14	33	——	——	——
6555	Sunoco 1-D Tank Car, 1949-50	10	30	——	——	——
6556	MKT Cattle Car, 1958	60	150	——	——	——
6557	Lionel SP Type Cab., smoke, 1958-59	50	150	——	——	——
6560	Bucyrus Erie Crane, 8-whl., 1955-58	15	35	——	——	——
6560-25	Bucyrus Erie Crane, 8-whl., 1956	30	65	——	——	——
6561	Reel Car, 1953-56	10	30	——	——	——
6562	N Y C Gondola, 1956-58	7	25	——	——	——
6562-1	N Y C Gondola	3	9	——	——	——
6572	Railway Express Refrig. Car, 1958-59	25	60	——	——	——
6630	IRBM Rocket Launcher, 1960-64	17	45	——	——	——
6636	Alaska Quad Hopper, 1959-60	17	35	——	——	——
6640	USMC Rocket Launcher, 1960	25	65	——	——	——
6646	Lionel Lines Stock Car, 1957	10	25	——	——	——
6650	IRBM Rocket Launcher, 1959-63	13	35	——	——	——
6650-80	Missile Car, 1960	1	4	——	——	——
6651	USMC Cannon Car, 1960-61	17	50	——	——	——
6656	Lionel Lines Stock Car, 1949-55	3	10	——	——	——
6657	Rio Grande SP Cab., 1957-58	50	100	——	——	——
6660	Flatcar with Crane, 1958	17	55	——	——	——
6670	Flatcar with Boom, 1959-60	13	35	——	——	——
6672	Santa Fe Refrigerator Car, 1954-56	15	35	——	——	——
6736	Detroit & Mack. Quad Hop., 1960-62	17	35	——	——	——
6800	Flatcar with Airplane, 1957-60	20	66	——	——	——
6801	Flatcar with Boat, 1957-60	12	40	——	——	——
6802	Flatcar with Bridge, 1958-59	5	15	——	——	——
6803	Flat with Tank and Truck, 1958-59	25	85	——	——	——
6804	Flatcar with USMC trucks, 1958-59	25	85	——	——	——
6805	Atomic Disposal Flatcar, 1958-59	13	45	——	——	——
6806	Flatcar with USMC Trucks, 1958-59	25	85	——	——	——
6807	Lionel Flatcar with Boat, 1958-59	21	50	——	——	——
6808	Flatcar with USMC Trucks, 1958-59	25	85	——	——	——
6809	Flatcar with USMC Trucks, 1958-59	25	85	——	——	——
6810	Flatcar with Trailer, 1958	9	20	——	——	——
6812	Track Maintenance Car, 1959	9	30	——	——	——
6814-1	Lionel Work Caboose, 1959-61	20	60	——	——	——

		Good	Exc	Color	Cond	$
6816	Flatcar with Bulldozer, 1959-60	20	80	—	—	—
6816-100	Allis Chalmers Tractor, 1956-60	25	75	—	—	—
6817	Flatcar with Scraper, 1959-60	20	80	—	—	—
6817-100	Allis Chalmers Scraper, 1959-60	25	75	—	—	—
6818	Transformer Car, 1958	5	25	—	—	—
6819	Flatcar with Helicopter, 1959-60	15	40	—	—	—
6820	Flatcar with Helicopter, 1960-61	25	85	—	—	—
6821	Flatcar with Crates, 1959-60	10	20	—	—	—
6822	Searchlight Car, 1961-69	7	15	—	—	—
6823	Flatcar with I R B M missiles, 1959-60	15	35	—	—	—
6824	U S M C Work Caboose, 1960	30	70	—	—	—
6825	Flatcar with Bridge, 1959-60	12	25	—	—	—
6826	Flatcar with Trees, 1959-60	15	40	—	—	—
6827	Flatcar with Steam Shovel, 1960-63	15	45	—	—	—
6827-100	Harnischfeger Shovel, 1960	5	9	—	—	—
6828	Flatcar with Crane, 1960-63, 68	15	50	—	—	—
6828-100	Harnischfeger Crane, 1960	15	45	—	—	—
6830	Flatcar with Submarine, 1960-61	16	40	—	—	—
6844	Flatcar with Missiles, 1959-60	16	35	—	—	—
A	Transformer, 90 watts, 1947-48	8	10	—	—	—
CTC	Lockon, (O and O27), 1947-69	.20	.75	—	—	—
ECU-1	Electronic Control Unit, 1946	10	40	—	—	—
KW	Transformer, 190 watts	60	75	—	—	—
LTC	Lockon, (O and O27), 1950-69	3	5	—	—	—
LW	Transformer, 125 watts, 1955-56	15	20	—	—	—
OC	Curved Track, (O), 1945-61	.15	.40	—	—	—
OC1/2	Half Sec. Curve Track, (O), 1945-66	.20	.40	—	—	—
OC18	Steel Pins, (O), 1945-59	.02	.05	—	—	—
OC51	Steel Pins /dz., (O), 1961	.20	.50	—	—	—
OS	Straight Track, (O), 1945-61	.20	.40	—	—	—
OTC	Lockon Track, (O and O27)	1	3	—	—	—
Q	Transformer, 75 watts, 1946	8	12	—	—	—
R	Transformer, 110 watts, 1946-47	15	20	—	—	—
RCS	Remote Control Track, (O), 1945-48	1	3	—	—	—
RW	Transformer, 110 watts, 1948-54	20	30	—	—	—
SP	Smoke Pellets, bottle, 1948-69	—	3	—	—	—
SW	Transformer, 130 watts, 1961-66	30	40	—	—	—
T011-43	Fiber Pins /dz., (O), 1962-66	.20	.40	—	—	—
TW	Transformer, 175 watts, 1953-60	40	50	—	—	—
TOC	Curved Track, (O), 1962-66, 1968-69	.15	.40	—	—	—
TOC1/2	Half Sec. Str. Track, (O), 1962-66	.20	.40	—	—	—
TOC51	Steel Pins /dz., (O), 1962-69	.20	.50	—	—	—
TOS	Straight Track, (O), 1962-69	.20	.40	—	—	—
UCS	Remote Control Track, (O), 1945-69	3	8	—	—	—
UTC	Lockon, (O, O27, Std.), 1945	.25	.75	—	—	—
V	Transformer, 150 watts, 1946-47	00	10			
VW	Transformer, 150 watts, 1948-49	60	80	—	—	—
Z	Transformer, 250 watts, 1945-47	50	65	—	—	—
ZW	Transformer, 250 watts, 1948-49	65	100	—	—	—

		Good	Exc	Color	Cond	$
ZW	Transformer, 275 watts, 1950-60	100	126	—	—	—
No Number	Caboose, SP, olive drab	1	2	—	—	—
No Number	Caboose (See 6057)					
No Number	Caboose, red, SP4 (See 6167-50)					
No Number	Caboose, yellow, SP4 (See 6167-50)					
No Number	Caboose, work, yellow (See 6120)					
No Number	Flatcar, (See 1877)					
No Number	Flatcar, olive drab (See 6401-50)					
No Number	Gondola, blue	1	2	—	—	—
No Number	Gondola, green	1	2	—	—	—
No Number	Hopper, gray (See 6076)					
No Number	Hopper, yellow (See 6176)					
No Number	Rolling Stock (See 1877, 3309, 3349)					
No Number	Turbo Missile Car (See 3309)					
No Number	Turbo Missile Car (See 3349)					

SECTION III
FUNDIMENSIONS

		Exc	Mint	Color	Cond	$
3	Union Pacific 4-4-0, 1981 (See 8104)					
3	W&ARR 4-4-0 (See 8701)					
303	Stauffer Chemical Tank, 1985	30	35	—	—	—
484	(See 8587)					
0511	TCA St. Louis Baggage Car, 1981	—	60	—	—	—
0512	NYC Toy Fair Reefer, 1981	75	110	—	—	—
550C	Curved Track,	.75	1.25	—	—	—
550S	Straight Track,	.75	1.25	—	—	—
577	Norfolk & Western (See 9562)					
578	Norfolk & Western (See 9563)					
579	Norfolk & Western (See 9564)					
580	Norfolk & Western (See 9565)					
581	Norfolk & Western (See 9566)					
611	Norfolk & Western (See 8100)					
634	Santa Fe NW-2 Switcher, 1970	30	55	—	—	—
659	Chicago & Alton (See 8101)					
779	(See 8215)					
0780	Lionel RR Club Boxcar, 1982	30	35	—	—	—
0781	Lionel RR Club Flat w/2 Vans, 1983	30	35	—	—	—
0782	Lionel RR Club Tank Car, 85	30	35	—	—	—
783	New York Central (See 8406)					
0784	Lionel RR Club Quad Hopper, 1984	30	40	—	—	—
784	(See 8608)					
1018	TCA Ceremony Boxcar, 1979	—	125	—	—	—
1110	Happy Huff'n Puff, 1975	7	9	—	—	—
1200	Gravel Gus, 1975	NRS	NRS	—	—	—
1300	Gravel Gus Junior, 1975	NRS	NRS	—	—	—
1359	Train Display Case, Set 1355, 1983	—	40	—	—	—
1400	Happy Huff'n Puff Junior, 1975	NRS	NRS	—	—	—
1776	B&A GP-9 powered, (w/cab.) 1976	120	145	—	—	—

		Exc	Mint	Color	Cond	$
1776	N&W N5C Caboose, 1976	15	20	—	—	—
1776	N&W GP-9 powered, 1976	100	145	—	—	—
1776	Seaboard U36B powered, 1976	85	100	—	—	—
1973	TCA Convention Auto Carrier, 1973	—	45	—	—	—
1973	TCA Bicentennial Passenger Car	40	50	—	—	—
1974	TCA Bicentennial Passenger Car	40	50	—	—	—
1975	TCA Bicentennial Passenger Car	40	50	—	—	—
1976	Seaboard U36B and 3 Cars above	—	250	—	—	—
1980	The Rock GP-20, LCCA, 1980, (See 8068)					
1984	Ritz Boxcar, 1984	NRS	NRS	—	—	—
2110	Graduated Trestle, 1971-83, 1985-86	10	12	—	—	—
2111	Elevated Trestle, 1971-83, 1985-86	10	12	—	—	—
2113	Tunnel Portals (2), 1984-86	5	6	—	—	—
2115	Dwarf Signal, 1985-86	11	13	—	—	—
2117	Block Target Signal, 1984-86	17	21	—	—	—
2122	Extension Bridge, 1977-83, 1986	12	20	—	—	—
2125	Whistling Freight Station	40	50	—	—	—
2126	Whistling Freight Shed, 76-83, 85-86	20	25	—	—	—
2127	Diesel Horn Shed, 1976-83, 1985-86	20	25	—	—	—
2128	Automatic Switchman, 1983, 1985-86	25	30	—	—	—
2129	Illuminated Freight Sta., 1983, 85-86	20	30	—	—	—
2133	Illuminated Freight Station, 1972-83	18	25	—	—	—
2140	Automatic Banjo Signal, 1970-84	15	25	—	—	—
2145	Automatic Gateman, 1970-84	20	30	—	—	—
2146	Crossing Gate, 1970-71	12	15	—	—	—
2151	Automatic Semaphore, 1978-84	20	25	—	—	—
2152	Crossing Gate, 1977-83	20	25	—	—	—
2154	Highway Flasher, 1970-83, 1985-86	15	20	—	—	—
2156	Station Platform, 1970-71	35	50	—	—	—
2162	Gate & Signal, 1970-83, 1985-86	20	25	—	—	—
2163	Block Target Signal, 1970-78	20	25	—	—	—
2170	Street Lamps (3), 1970-83, 1985-86	20	25	—	—	—
2171	Goose Neck Lamps (2), 1980-84	20	25	—	—	—
2175	Sandy Andy Kit, 1976-79	30	40	—	—	—
2180	Road Sign Set, 1977-83, 1985-86	2	3	—	—	—
2181	Telephone Poles, 1977-81, 83, 85-86	2	4	—	—	—
2195	Floodlight Tower, 1970-72	40	50	—	—	—
2199	Microwave Tower, 1972-75	30	40	—	—	—
2214	Girder Bridge, 1970-83, 1985-86	5	8	—	—	—
2256	Station Platform, 1973-81	6	10	—	—	—
2256	Station Platform TCA, 1975	20	30	—	—	—
2260	Bumpers (Set of 3), 1970-73	10	15	—	—	—
2260	Bumpers (Set of 3), 1986	—	3	—	—	—
2280	Bumpers (Set of 3), 1973-80, 1983	3	5	—	—	—
2281	Black Bumpers (Set of 3), 1973-80, 1983	15	18	—	—	—
2283	Die-cast Bumpers, red, (pr.), 1984-86	10	12	—	—	—
2290	Lighted Bumpers (pair), 74-83, 85-86	6	8	—	—	—
2292	Station Platform, 1985-86	4	6	—	—	—
2301	Operating Sawmill, 1981-1985	55	65	—	—	—

		Exc	Mint	Color	Cond	$
2302	UP Gantry Crane kit, 1981-82	10	15	——	——	——
2303	Santa Fe Gantry Crane kit, 1981-82	20	25	——	——	——
2305	Operating Oil Derrick, 1981-86	75	90	——	——	——
2306	Oper. Icing Station and Car, 1982-83	125	145	——	——	——
2307	Billboard Light, 1982-83, 1985-86	15	20	——	——	——
2308	Animated Newsstand, 1982-83	100	125	——	——	——
2309	Mechanical Gate, 1982-83, 1985-86	2	4	——	——	——
2310	Gate and Signal, 1973-75	3	5	——	——	——
2311	Mechanical Semaphore, 1982-84, 86	2	4	——	——	——
2312	Mechanical Semaphore, 1973-75	5	6	——	——	——
2313	Floodlight Tower, 1975-84, 1986	25	30	——	——	——
2314	Searchlight Tower, 1975-85	15	20	——	——	——
2315	Operating Coaling Station, 1984-86	80	95	——	——	——
2316	Oper. N&W Gantry Crane, 1984	80	95	——	——	——
2317	Operating Drawbridge, 1975-81	40	50	——	——	——
2318	Operating Control Tower, 1984-86	55	65	——	——	——
2319	Watchtower, illum., 1975-80	15	20	——	——	——
2320	Flagpole Kit, 1983-86	3	5	——	——	——
2321	Operating Sawmill, 1986	80	90	——	——	——
2323	Operating Freight Station, 1985-86	50	65	——	——	——
2324	Operating Switch Tower, 1985-86	55	65	——	——	——
2390	Lionel Mirror, 1982	40	45	——	——	——
2494	Rotary Beacon, 1972-74	40	50	——	——	——
2671	Cleveland TCA, 1975	75	125	——	——	——
2709	Rico Station Kit, 1981-86	20	25	——	——	——
2710	Billboards (5), 1970-83	5	6	——	——	——
2714	Tunnel, 1975-77	5	7	——	——	——
2717	Short Extension Bridge, 1977-86	3	5	——	——	——
2718	Barrel Platform Kit, 1977-83, 1985	2	4	——	——	——
2719	Signal Tower Kit, 1977-83, 1986	2	4	——	——	——
2719	Watchman's Shanty Kit, 1985-86	2	4	——	——	——
2720	Lumber Shed Kit, 1977-83, 1986	2	4	——	——	——
2721	Operating Log Mill, 1979	NRS	NRS	——	——	——
2722	Barrel Loader, 1979	NRS	NRS	——	——	——
2783	Manual Freight Station Kit, 1981-83	7	10	——	——	——
2784	Freight Platform Kit, 1981-83, 85-86	6	9	——	——	——
2785	Engine House Kit, 1974-77	30	40	——	——	——
2786	Freight Platform Kit, 1974-77	4	7	——	——	——
2787	Freight Station Kit, 1974-77	7	10	——	——	——
2788	Coaling Station Kit, 1975-77	15	20	——	——	——
2789	Water Tower Kit, 1975-80, 1985	7	10	——	——	——
2790	Building Kit Assortment, 1983	NRS	NRS	——	——	——
2791	Cross Country Set, 1970-71	20	25	——	——	——
2792	Layout Starter Pak, 1980-83	15	20	——	——	——
2792	Whistle Stop Set, 1970-71	15	20	——	——	——
2793	Alamo Junction Set, 1970-71	15	20	——	——	——
2796	Grain Elevator Kit, 1977	30	40	——	——	——
2797	Rico Station Kit, 1976	25	30	——	——	——
2900	Lockon, 1970-86	1	1.25	——	——	——
2901	Track Clips (12), 1970-86	2	5	——	——	——

		Exc	Mint	Color	Cond	$
2905	Lockon and Wire, 1972-86	.85	1.50	—	—	—
2909	Smoke Fluid, 1977-86	1.50	3	—	—	—
2927	Maintenance Kit, 1977-86	7	10	—	—	—
2951	Track Book, 1976-80, 1983, 1985-86	.75	2	—	—	—
2952	Track Accessories Manual, 1985	.75	1	—	—	—
2953	Track & Acc. Man. 1977-83, 1985-86	1.25	2	—	—	—
2960	Lionel 75th Anniversary Book, 1976	8	10	—	—	—
2980	Magnetic Conversion Coupler, 1979	1	2	—	—	—
2985	The Lionel Train Book, 1986	—	7	—	—	—
3100	Great Northern 4-8-4 Steam, 1981	375	400	—	—	—
3764	Kahn Boxcar, L.O.T.S., 1981	—	25	—	—	—
4045	Safety Transformer, 1970-71	3	5	—	—	—
4050	Safety Transformer, 1972-79	3	4	—	—	—
4060	Power Master, xfmr., 1980-83, 85-86	12	30	—	—	—
4065	Commando Set, DC xfmr., 1986,	15	25	—	—	—
4065	DC Hobby Transformer	3	4	—	—	—
4090	Power Master, xfmr., 1978-81, 1983	20	55	—	—	—
4150	Trainmaster Transformer	6	12	—	—	—
4250	Trainmaster Transformer	6	12	—	—	—
4449	(See 8307)					
4501	(See 8309)					
4651	Trainmaster Transformer, 1978-79	2	3	—	—	—
4690	Trans., Type MW, Solid-state, 1986	—	85	—	—	—
4870	DC Hobby Trans. & Throttle Cont.	3	4	—	—	—
4935	(See 8150)					
5001	Curved Track, (O27), 1985	NA	NA	—	—	—
5012	Curved Track, (O27), 1980-86	2.20	3.50	—	—	—
5013	Curved Track, (O27)	.50	.75	—	—	—
5014	Half-Curved, (O27), 1980-86	.50	.75	—	—	—
5016	3-foot Straight Track, (O27),	—	2.25	—	—	—
5017	Straight Track, (O27), 1980-86	—	3.50	—	—	—
5018	Straight Track, (O27)	.50	.75	—	—	—
5019	Half Straight Track, (O27), 1986	.50	.75	—	—	—
5020	90° Crossover, (O27), 1970-86	3.50	4.75	—	—	—
5021	Manual Left Switch, (O27), 1986	8	13	—	—	—
5022	Manual Right Switch, (O27), 1986	8	13	—	—	—
5023	45° Crossover, (O27), 1970-86	4	6.50	—	—	—
5025	Manumatic Uncoupler, 1971	.50	1			
5027	Manual Switches, pair, (O27)	15	26			
5030	Track Expander set, 1972	—	25	—	—	—
5030	Layout Set, 1978-80, 1983, 1985	17	25	—	—	—
5033	Curved Track, (O27), 1986	.29	.58	—	—	—
5038	Straight Track, (O27), 1986	.29	.58	—	—	—
5041	Insulator Pins (12/pack), (O27), 1986	.39	.78	—	—	—
5042	Steel Pins (8/pack), (O27), 1986	.30	.60	—	—	—
5090	Manual Switches (3 pair), 1983, 1985	60	80	—	—	—
5113	Wide Radius Curved Track, (O27), 86	.57	1.15	—	—	—
5121	Left R.C. Switch, (O27), 1986	14	18	—	—	—
5122	Right R.C. Switch, (O27), 1986	14	18	—	—	—
5125	R.C. Switches, pair, (O27), 1986	28	40	—	—	—

		Exc	Mint	Color	Cond	$
5132	R.C. Right Switch, (O27), 1986	33	39	—	—	—
5133	R.C. Left Switch, (O), 1986	33	39	—	—	—
5149	R.C. Uncoupling Track, (O), 1986	2.85	5.75	—	—	—
5165	O72 Wide Radius Remote Switcher, 1987	—	50	—	—	—
5166	O72 Wide Radius Remote Switcher, 1987	—	50	—	—	—
5193	R.C. Switches (3 pair), (O27), 1983	90	110	—	—	—
5484	TCA 1985 Boxcar, 1985	350	400	—	—	—
5500	Straight Track, (O), 1983-86	.55	1.10	—	—	—
5501	Curved Track, (O), 1983-86	.55	1.10	—	—	—
5502	Remote Control Track, 10", 1971	5	8	—	—	—
5504	Half-Curved, (O), 1983, 1985-86	.55	1.10	—	—	—
5505	Half-Straight, (O), 1983, 1985-86	.55	1.10	—	—	—
5510	Curved Track, (O)	.75	1.25	—	—	—
5520	90° Crossover, (O), 1971	5	7	—	—	—
5522	3-foot Straight Track, 1987	—	3.75	—	—	—
5530	Remote Uncoupling Section, (O), 1986	10	12	—	—	—
5540	90° Crossover, (O), 1981-86	5	7	—	—	—
5543	Insulator Pins (12), (O), 1986	.75	1	—	—	—
5545	45° Crossover, (O), 1982-86	—	8	—	—	—
5551	Steel Pins, (12/pack), (O), 1986	.75	1	—	—	—
5560	Wide Radius Curved Track, Ballast, 1987	—	2.25	—	—	—
5561	Wide Radius Curved Track, Ballast, 1987	—	2.25	—	—	—
5562	Wide Radius Curved Track, Ballast, 1987	—	2.25	—	—	—
5572	Wide Radius Curved Track, (O-72), 86	.90	1.75	—	—	—
5700	Oppenheimer Reefer, 1981	14	20	—	—	—
5701	Dairymen's League Reefer, 1981	11	18	—	—	—
5702	Nat. Dairy Despatch Reefer, 1981	11	18	—	—	—
5703	No. American Despatch Reefer, 1981	11	18	—	—	—
5704	Budweiser Reefer, 1981	14	25	—	—	—
5705	Ball Glass Jars Reefer, 1981	11	18	—	—	—
5706	Lindsay Bros. Reefer, 1981	14	25	—	—	—
5707	American Refrigeration Reefer, 1981	11	18	—	—	—
5708	Armour Reefer, 1982-83	12	15	—	—	—
5709	REA Reefer, 1982-83	30	45	—	—	—
5710	Canadian Pacific Reefer, 1982-83	12	15	—	—	—
5711	Commercial Exp. Reefer, 1982-83	12	15	—	—	—
5712	Lionel Woodside Reefer, 1982	90	175	—	—	—
5713	Cotton Belt Reefer, 1983	11	15	—	—	—
5714	Michigan Central Reefer, 1983	11	15	—	—	—
5715	Santa Fe Reefer, orange, 1983	11	20	—	—	—
5716	Vermont Central Reefer, 1983	11	15	—	—	—
5717	AT&SF Bunk Car, gray, 1984	40	45	—	—	—
5718	(See 9849)					
5719	Canadian National Reefer, 1984	11	15	—	—	—
5720	Great Northern Reefer, 1985	60	75	—	—	—

		Exc	Mint	Color	Cond	$
5721	Soo Line Reefer, 1985	11	15	—	—	—
5722	Nickel Plate Reefer, 1985	11	15	—	—	—
5724	Pennsylvania Bunk Car, 1985	20	25	—	—	—
5726	Southern Bunk Car, 1985	30	35	—	—	—
5727	U.S. Marines Bunk Car, 1985	12	15	—	—	—
5728	Canadian Pacific Bunk Car, 1986	15	20	—	—	—
5730	Strasburg RR Reefer, 1985-86	12	15	—	—	—
5731	L&N Woodside Reefer, 1985-86	12	15	—	—	—
5732	Central RR of NJ Reefer, 1985-86	12	15	—	—	—
5733	LionelLines Bunk Car, 1986	40	50	—	—	—
5734-85	Steam, 4-6-4, TCA, 1985	40	50	—	—	—
5735	NYC Bunk Car, gray, 1985-86	35	45	—	—	—
5738-85	REA Reefer, 1985	10	15	—	—	—
5739	B&O Tool Car, 1986	30	35	—	—	—
5823	45° Crossover	4	6	—	—	—
5900	AC/DC Converter, 1979-81, 1983	4	6	—	—	—
6014-900	Frisco, 1975	NRS	NRS	—	—	—
6100	Ontario Northern Quad, 1981-82	17	25	—	—	—
6101	BN Quad Hopper, green, 1981,83	13	15	—	—	—
6102	Great Northern Quad, 1981	25	30	—	—	—
6103	Canadian National Quad, 1981	25	30	—	—	—
6104	Southern Quad w/Coal, 1984-85	25	30	—	—	—
6105	Reading Oper. Short Hopper, 1982	30	35	—	—	—
6106	N&W Quad Hopper, gray, 1982	25	30	—	—	—
6107	Shell Quad Hopper, yellow, 1982	12	15	—	—	—
6109	C&O Operating Short Hopper, 1983	30	35	—	—	—
6110	Mo. Pac. Quad Hopper, 1983	13	15	—	—	—
6111	L&N Quad Hopper, 1983	13	15	—	—	—
6112	Commonwealth Edison, Hop., 1983	75	90	—	—	—
6113	Illinois Central Short Hopper, 1985	—	10	—	—	—
6114	C&NW Quad Hopper, 1983	35	45	—	—	—
6115	Southern Quad with Coal, 1983	—	10	—	—	—
6116	Soo Line Ore Car, 1985	30	35	—	—	—
6117	Erie Operating Short Hopper, 1985	30	35	—	—	—
6118	Erie-Lackawanna Quad, 1985	30	35	—	—	—
6122	Penn Central Ore Car, 1985	30	35	—	—	—
6123	Penn Quad Hopper, gray, 1985	30	35	—	—	—
6124	D&H Quad Hopper, red, 1984	12	15	—	—	—
6126	Canadian National Ore Car, 1986	17	20	—	—	—
6127	Northern Pacific Ore Car, 1986	17	20	—	—	—
6131	Illinois Central Quad Hopper, 1985-86	17	20	—	—	—
6134	B/NACF Hopper, 1986	60	75	—	—	—
6135	S&NW Hopper, 1986	60	100	—	—	—
6137	NKP Road Hopper, 1986	10	12	—	—	—
6138	B&O Hopper, 1986	20	25	—	—	—
6150	N&W Hopper, 1970	105	150			
6150	Santa Fe Hopper, 1985-86	—	10	—	—	—
6177	Reading Hopper, 1986	10	12	—	—	—
6200	FEC Gondola, red, 1981	8	10	—	—	—
6201	Union Pacific Gondola, 1982-83	13	15	—	—	—

		Exc	Mint	Color	Cond	$
6202	Western MD Gondola w/ Coal, 1982	20	25	——	——	——
6205	Canadian Pacific Gondola, 1983	20	26	——	——	——
6206	C&IM Gondola, red, 1985	10	12	——	——	——
6207	Southern Gondola, black, (O27), 1984	6	8	——	——	——
6208	B&O "Chessie" Gondola, 1983-84	20	25	——	——	——
6209	NYC Gondola w/Coal, (Std. O), 1985	25	35	——	——	——
6210	Erie-Lackawanna Gondola, 1985	20	25	——	——	——
6211	C&O Gondola, (O27), 1984	—	10	——	——	——
6214	Lionel Lines Gondola, 1985	25	30	——	——	——
6230	Erie Reefer, 1986	50	100	——	——	——
6231	Railgon Gondola, 1986	50	100	——	——	——
6232	I.P. Boxcar, 1986	—	25	——	——	——
6232	Illinois Central Boxcar, 1986	—	50	——	——	——
6233	CP Flatcar with Stakes, 1986	—	25	——	——	——
6234	BN Boxcar, green, (Std. O), 1985	—	30	——	——	——
6235	BN Boxcar, green, (Std. O), 1985	—	30	——	——	——
6236	BN Boxcar, green, (Std. O), 1985	—	30	——	——	——
6237	BN Boxcar, green, (Std. O), 1985	—	30	——	——	——
6238	BN Boxcar, green, (Std. O), 1985	—	30	——	——	——
6239	BN Boxcar, (Std. O), 1986	—	30	——	——	——
6251	NYC Oper. Coal Dump Car, 1985-86	15	20	——	——	——
6254	NKP Road Gondola, 1986	10	12	——	——	——
6258	ATSF Gondola, 1985-86	—	6	——	——	——
6260	NYC Steam Switcher, 0-4-0, 1985	15	18	——	——	——
6300	Corn Products 3-D Tank Car, 1981	14	16	——	——	——
6301	Gulf 1-D Tank Car, 1981-82	15	20	——	——	——
6302	Quaker State 3-D Tank Car, 1981-82	15	20	——	——	——
6304	Great Northern 1-D Tank Car, 1981	20	25	——	——	——
6305	British Columbia 1-D Tank Car, 1981	40	45	——	——	——
6306	Southern 1-D Tank Car, 1984-85	30	35	——	——	——
6307	Pennsylvania 1-D Tank Car, 1985	30	40	——	——	——
6308	Alaska 1-D Short Tank Car, 1982	10	12	——	——	——
6310	Shell 2-D Tank Car, (O27), 1983	8	10	——	——	——
6312	C&O 2-D Tank Car, (O27), 1984	12	15	——	——	——
6313	Lionel Lines 1-D Tank Car, 1985	30	35	——	——	——
6314	B&O 3-D Tank Car, 1986	—	15	——	——	——
6315	TCA 18th Convention Tank, 1972	65	75	——	——	——
6317	Gulf 2-D Tank Car, (O27), 1984	10	12	——	——	——
6323	Va. Chem. 1-D Tank, LCCA, 1985	30	35	——	——	——
6325	NYC Crane, (See 6579)		Not Manufactured			
6326	N&B Bay Window Cab.,	—	30	——	——	——
6357	Frisco 1-D Tank Car, 1983	30	40	——	——	——
6401	Virginian B/W Caboose, 1981	20	25	——	——	——
6403	Amtrak Vista Dome, 1976-77	25	30	——	——	——
6404	Amtrak Pullman, 1976-77	25	30	——	——	——
6405	Amtrak Pullman, 1976-77	25	30	——	——	——
6406	Amtrak Observation, 1976-77	15	28	——	——	——
6410	Amtrak Pullman, 1977-78	25	30	——	——	——
6411	Amtrak Pullman, 1977-78	25	30	——	——	——
6412	Amtrak Vista Dome, 1977-78	25	30	——	——	——

		Exc	Mint	Color	Cond	$
6420	Reading Maintenance Cab., 1981-82	15	20	——	——	——
6421	Cowen B/W Caboose, 1982	25	30	——	——	——
6422	Duluth Missabe B/W Cab., 1981-82	15	20	——	——	——
6425	Erie-Lack. Transfer Caboose, 1984	20	25	——	——	——
6426	Reading Maintenance Cab., 1982-83	7	10	——	——	——
6427	Burlington North. Maint. Cab., 1983	8	10	——	——	——
6428	C&NW Maintenance Caboose, 1985	12	15	——	——	——
6430	Santa Fe SP Caboose, 1983	6	8	——	——	——
6431	Southern B/W Caboose, 1983	25	35	——	——	——
6432	Union Pacific SP Caboose, 1981	5	8	——	——	——
6433	CP Bay Window Caboose, 1981	30	40	——	——	——
6434	SS RR, 1983	6	8	——	——	——
6435	Commando Set Security Caboose, 1983	10	20	——	——	——
6438	Great Northern B/W Caboose, 1981	20	25	——	——	——
6439	Reading B/W Caboose, 1985	20	25	——	——	——
6441	Alaska Bay Window Caboose, 82-83	20	25	——	——	——
6446-25	N&W Hopper, 1970	125	150	——	——	——
6449	Wendy's N5C Caboose, 1981-82	20	25	——	——	——
6464-500	Timken, Boxcar, 1970	—	100	——	——	——
6464-1970	TCA Special, Boxcar, 1970	100	125	——	——	——
6464-1971	TCA Special, Boxcar, 1971	200	250	——	——	——
6481	Rio Grande SP Caboose, 1983	6	8	——	——	——
6482	Nibco Express SP Caboose, 1982	NRS	NRS	——	——	——
6485	Chessie Caboose, 1984-85	—	10	——	——	——
6491	Erie-Lack. Transfer Cab., 1985-86	—	17	——	——	——
6493	Lancaster & Chester B/W Cab., 86	20	25	——	——	——
6493	Lancaster & Chester B/W Cab., 86	—	20	——	——	——
6494	AT&SF Bobber Caboose, 1986	—	—	——	——	——
6500	Lionel Depressed Flatcar, 1982, (See 9233)					
6504	LASER Set Car, 1981-82	12	15	——	——	——
6505	LASER Set Car, 1981-82	12	15	——	——	——
6506	LASER Set Car, 1981-82	15	20	——	——	——
6506	LASER Security Car, 1981-82	12	15	——	——	——
6507	LASER, 1981-82	12	15	——	——	——
6508	Canadian Pacific Crane, 12-whl., 1981	35	45	——	——	——
6509	Lionel 16-whl. Flat w/Girders, 1981	35	45	——	——	——
6510	Union Pacific Crane w/Derrick, 1982	45	50	——	——	——
6515	UP Flatcar,	—	10	——	——	——
6521	NYC Flat w/Stakes, (Std. O), 1985	25	35	——	——	——
6522	C&NW Searchlight Car, 1984-85	15	20	——	——	——
6524	Erie-Lackawanna Crane, 12-whl., 85	40	50	——	——	——
6526	U.S. Marines Searchlight Car, 1985	—	14	——	——	——
6529	NYC Searchlight Car, gray, 85-86	15	20	——	——	——
6531	Express Mail Flatcar w/Vans, 85-86	15	20	——	——	——
6560	Bucyrus Erie Crane Car, 8-whl., 71	125	150	——	——	——
6561	Flatcar with Cruise Missile, 1983-84	—	10	——	——	——
6562	Flatcar with Barrels, 1983-84	—	10	——	——	——
6564	Flatcar with 2 USMC Tanks, 1983-84	—	10	——	——	——
6567	Ill. Central Gulf Crane, 1986	50	60	——	——	——

		Exc	Mint	Color	Cond	$
6573	Redwood Valley Express Flatcar with Log Dump, 1984-85					
		—	10	——	——	——
6574	Redwood Valley Exp. Short Crane, 84	—	12	——	——	——
6575	Redwood Valley Express Flat, 84-85	—	10	——	——	——
6576	ATSF Short Crane, 1985-86	—	12	——	——	——
6579	NYC Crane, black, 8-wheel, 1985-86	25	30	——	——	——
6585	Flatcar with Fences, yellow, 1986	—	10	——	——	——
6587	W&A General, 1986	—	20	——	——	——
6593	AT&SF Crane, 1986	—	45	——	——	——
6670	Lionel Derrick Car, 1981-82	15	20	——	——	——
6700	UP/SP Reefer, or., 82-83 (see 2306)	50	60	——	——	——
6900	N&W Extended Vision Cab., 1982	55	65	——	——	——
6901	Ontario Northland Ext. Vision, 1982	30	40	——	——	——
6903	Santa Fe Extended Vision, 1983	65	75	——	——	——
6904	UP Extended Vision Caboose, 1983	60	70	——	——	——
6905	Nickel Plate Ext. Vis. Caboose, 1984	40	50	——	——	——
6906	Erie-Lackawanna Ext. Vision, 1985	55	65	——	——	——
6907	NYC Caboose, 1986	85	100	——	——	——
6908	Pennsylvania N5C Caboose, 1985	35	45	——	——	——
6910	NYC Extended Vision Cab., 1985	65	75	——	——	——
6912	Redwood Valley Express Cab., 83-84	—	10	——	——	——
6913	BN Extended Vision Caboose, 1986	45	55	——	——	——
6916	NYC Work Caboose, gray, 1985-86	12	15	——	——	——
6917	JC Boxcar, Ext. Vis. Caboose, 1986	—	40	——	——	——
6918	B&O Caboose, 1986	—	15	——	——	——
6919	Nickel Plate Road Caboose, 1986	—	10	——	——	——
6920	B&A Caboose, 1986	—	85	——	——	——
6921	PA Caboose, 1986	—	10	——	——	——
7100	Huff'n Puff Booklet	—	.25	——	——	——
7200	Quicksilver Coach, 1982-83	20	25	——	——	——
7201	Quicksilver Coach, 1982-83	20	25	——	——	——
7202	Quicksilver Observation, 1982-83	20	25	——	——	——
7203	N&W "491" Diner, 1984	225	250	——	——	——
7204	Southern Pacific Diner, 1984	225	250	——	——	——
7205	TCA Denver Combine, 1982	—	60	——	——	——
7206	TCA Louisville Pullman, 1983	—	60	——	——	——
7207	New York Central Diner, 1984	150	200	——	——	——
7208	Pennsylvania Diner, 1984	150	200	——	——	——
7210	Union Pacific Diner, 1985	—	65	——	——	——
7211	Southern Pacific Vista Dome, 1984	225	250	——	——	——
7212	TCA Convention Pitts. Pass. Car, 84	—	60	——	——	——
7215	B&O Old Time Coach, 1983	20	25	——	——	——
7216	B&O Old Time Coach, 1983	20	25	——	——	——
7217	B&O Old Time Baggage, 1983	20	25	——	——	——
7220	IC Baggage Car, 1986	75	90	——	——	——
7221	IC Combo Car, 1986	75	90	——	——	——
7222	IC Passenger Car, 1986	75	90	——	——	——
7223	IC Passenger Car, 1986	75	90	——	——	——
7224	IC Dining Car, 1986	75	90	——	——	——
7225	IC Observation Car, 1986	75	90	——	——	——

		Exc	Mint	Color	Cond	$
7227	Wabash Dining Car, 1986	—	35	——	——	——
7228	Wabash Baggage Car, 1986	—	35	——	——	——
7229	Wabash Combo Car, 1986	—	35	——	——	——
7230	Wabash Coach Car, 1986	—	35	——	——	——
7231	Wabash Coach Car, 1986	—	35	——	——	——
7232	Wabash Observation Car, 1986	—	35	——	——	——
7241	W&A Coach Car, 1986	—	30	——	——	——
7242	W&A Baggage Car, 1986	—	30	——	——	——
7301	N&W Stock Car, brown, 1982	35	45	——	——	——
7302	T&P Stock Car, (O27), 1983-84	—	10	——	——	——
7303	Erie-Lack. Stock Car, blue, 1985	30	35	——	——	——
7304	Southern "9459" Stock Car, 1983	45	55	——	——	——
7309	Southern Short Stock Car, 1985-86	—	10	——	——	——
7312	W&A Stock Car, 1986	—	25	——	——	——
7401	Chessie Stock Car, (O27), red, 1984	—	10	——	——	——
7403	LNAC Boxcar, LCCA, 1984	—	35	——	——	——
7404	Jersey Central Boxcar, 1986	30	35	——	——	——
7500	Lionel 75th Anniv. U36B pow., 1975	85	100	——	——	——
7501	Lionel 75th Anniv. Boxcar, 1975	10	14	——	——	——
7502	Lionel 75th Anniv. Reefer, 1975	10	14	——	——	——
7503	Lionel 75th Anniv. Reefer, 1975	10	14	——	——	——
7504	Lionel 75th Anniv. Quad Hop., 1975	20	25	——	——	——
7505	Lionel 75th Anniv. Boxcar, 1975	10	14	——	——	——
7506	Lionel 75th Anniv. Boxcar, 1975	10	14	——	——	——
7507	Lionel 75th Anniv. Reefer, 1975	10	14	——	——	——
7508	Lionel 75th Anniv. Cab, N5C, 1975	20	25	——	——	——
7509	Kentucky Fried Chicken, 1981-82	10	14	——	——	——
7510	Red Lobster Reefer, 1981-82	20	25	——	——	——
7511	Pizza Hut Reefer, 1981-82	10	14	——	——	——
7512	Arthur Treacher's Reefer, 1982	11	14	——	——	——
7513	Bonanza Reefer, 1982	11	14	——	——	——
7514	Taco Bell Reefer, 1982	11	14	——	——	——
7515	Denver Mint Car, 1982	55	85	——	——	——
7517	Philadelphia Mint Car, 1982	35	45	——	——	——
7518	Carson City Mint Car, 1983	30	50	——	——	——
7519	Toy Fair Reefer, 1982	—	125	——	——	——
7520	Nibco Boxcar, 1982	—	200	——	——	——
7521	Toy Fair Reefer, 1982	—	125	——	——	——
7522	New Orleans Mint Car, 1985	—	25	——	——	——
7524	Toy Fair Reefer, 1985	—	150	——	——	——
7525	Toy Fair Boxcar, 1986	—	125	——	——	——
7530	Dahlonegg Mint Car, 1986	—	40	——	——	——
7600	Frisco N5C Caboose, 1975-76	20	25	——	——	——
7601	Delaware Boxcar, 1975-76	12	15	——	——	——
7602	Pennsylvania Boxcar, 1975-76	12	15	——	——	——
7603	New Jersey Boxcar, 1975-76	12	15			
7604	Georgia Boxcar, 1975-76	12	15	——	——	——
7605	Connecticut Boxcar, 1975-76	12	15	——	——	——
7606	Frisco N5C Caboose, 1974	12	15	——	——	——
7606	Massachusetts Boxcar, 1975-76	12	15	——	——	——

		Exc	Mint	Color	Cond	$
7607	Maryland Boxcar, 1975-76	12	15	——	——	——
7608	South Carolina Boxcar, 1975-76	12	15	——	——	——
7609	New Hampshire Boxcar, 1975-76	35	45	——	——	——
7610	Virginia Boxcar, 1976	100	125	——	——	——
7611	New York Boxcar, 1976	50	60	——	——	——
7612	North Carolina Boxcar, 1976	15	20	——	——	——
7613	Rhode Island Boxcar, 1976	15	20	——	——	——
7700	Uncle Sam Boxcar, 1976	60	75	——	——	——
7701	Camel Boxcar, 1976-77	12	14	——	——	——
7702	Prince Albert Boxcar, 1976-77	12	14	——	——	——
7703	Beechnut Boxcar, 1976-77	12	14	——	——	——
7704	Welcome Toy Fair Boxcar, 1976-77	125	150	——	——	——
7705	Toy Fair Boxcar, 1976	250	350	——	——	——
7706	Sir Walter Raleigh Boxcar, 1977-78	12	14	——	——	——
7707	White Owl Boxcar, 1977-78	12	14	——	——	——
7708	Winston Boxcar, 1977-78	12	14	——	——	——
7709	Salem Boxcar, 1978	12	14	——	——	——
7710	Mail Pouch Boxcar, 1978	15	20	——	——	——
7711	El Producto Boxcar, 1978	15	20	——	——	——
7712	AT&SF Boxcar, yellow, 1979	30	35	——	——	——
7714	Northern Pacific Boxcar, 1980	12	15	——	——	——
7800	Pepsi Boxcar, 1977	12	15	——	——	——
7801	A&W Boxcar, 1977	10	12	——	——	——
7802	Canada Dry Boxcar, 1977	10	12	——	——	——
7803	Trains' n Truckin' Boxcar	20	25	——	——	——
7806	Season's Greetings Boxcar, 1976	100	125	——	——	——
7807	Toy Fair Boxcar, 1977	125	150	——	——	——
7808	NP "Pig Palace" Stock Car, 1977	35	45	——	——	——
7809	Vernor's Boxcar, 1978	10	12	——	——	——
7810	Orange Crush Boxcar, 1978	10	12	——	——	——
7811	Dr. Pepper Boxcar, 1978	10	12	——	——	——
7812	TCA Houston Stock Car, 1977	30	35	——	——	——
7813	Season's Greetings Boxcar, 1977	100	125	——	——	——
7814	Season's Greetings Boxcar, 1978	100	125	——	——	——
7815	Toy Fair Boxcar, 1978	100	125	——	——	——
7900	Outlaw Car, 1982-83	11	14	——	——	——
7901	Cop & Hobo Car, 1982-83	20	25	——	——	——
7902	AT&SF Boxcar, (O27), 1982-83	6	8	——	——	——
7903	Rock Boxcar, (O27), 1983	6	8	——	——	——
7904	San Diego Zoo Car, (O27), 1983	25	30	——	——	——
7908	Tappan Cooking Boxcar, (O), 1982	—	50	——	——	——
7909	L&N Boxcar, (O27), 1983	—	10	——	——	——
7910	Chessie Boxcar, (O27), 1984	—	10	——	——	——
7912	Geoffrey Car, 1982-83	—	100	——	——	——
7913	Turtle-back Zoo Giraffe Car, 1986	20	25	——	——	——
7920	Sears Centennial Boxcar, 1985-86	—	50	——	——	——
7925	Erie Lackawana Boxcar, 1986	—	8	——	——	——
7925	Toy Fair '86 Boxcar, 1986	—	125	——	——	——
7926	NKP Road Boxcar, 1986	—	8	——	——	——

		Exc	Mint	Color	Cond	$
7931	Town House TV & Appliances Boxcar, 1986	—	50	—	—	—
7932	Kay Bee Toys Boxcar, 1986	—	50	—	—	—
7979	True Value Boxcar, 1986	—	NRS	—	—	—
8001	Nickel Plate Steam, 2-6-4, 1980	40	50	—	—	—
8002	Union Pacific Steam, 2-8-4, 1980	375	400	—	—	—
8003	Chessie Steam, 2-8-4, 1980	450	475	—	—	—
8004	Rock Island Steam, 4-4-0, 1980, 1982	150	170	—	—	—
8005	AT&SF Steam, 4-4-0, 1980, 1982	30	40	—	—	—
8006	ACL Steam, 4-6-4, 1980	600	700	—	—	—
8007	NY, NH&H Steam, 2-6-4, 1980	40	50	—	—	—
8008	Chessie 4-4-2 Steam, 1980	50	60	—	—	—
8010	AT&SF NW-2 Switcher, blue, 1970	25	40	—	—	—
8020	(A) Santa Fe A powered, 1970-76	30	45	—	—	—
8020	(B) Santa Fe Alco A dummy, 1970-71	20	25	—	—	—
8021	Santa Fe Alco B unit dummy, 1971-72, 1974-76	21	25	—	—	—
8022	Santa Fe Alco A powered, 1971	50	65	—	—	—
8025	Canadian National Alco AA, 1971	100	125	—	—	—
8030	Illinois Central GP-9 pow., 1970-71	55	65	—	—	—
8031	Canadian Natl. GP-7 pow., 1970-71	65	75	—	—	—
8040	Nickel Plate Steam, 2-4-2, 1970	20	30	—	—	—
8040	Canadian National 2-4-2, 1971	35	50	—	—	—
8041	NYC Steam, 2-4-2, 1970	25	30	—	—	—
8042	Grand Trunk Steam, 2-4-2, 1970	20	30	—	—	—
8043	Nickel Plate Steam, 2-4-2, 1970	40	50	—	—	—
8050	D&H U36C powered, 1980	100	125	—	—	—
8051	D&H U36C dummy, 1980	50	60	—	—	—
8054/8055	C&S Burlington F-3 AA, 1980	195	235	—	—	—
8056	C&NW Trainmaster, 80	225	250	—	—	—
8057	Burlington NW-2 pow. Switcher, 1980	65	80	—	—	—
8059	Penn F-3B dummy, green, 1980	—	225	—	—	—
8060	Penn F-3B dummy, tuscan, 1980	—	150	—	—	—
8061	Western MD U36C powered, 1980	100	125	—	—	—
8062	C&S Burlington F-3B dummy, 1980	—	150	—	—	—
8062	Great Northern Steam, 1970		Not Manufactured			
8063	Seaboard SD-9 powered, 1980	75	90	—	—	—
8064	FEC GP-9 powered, 1980	65	80	—	—	—
8065	FEC GP-9 dummy, 1980	35	45	—	—	—
8064/8065	The pair	—	140	—	—	—
8066	TP&W GP-20 powered, 1980	100	125	—	—	—
8067	T&P Alco A powered, 1980		Not Manufactured			
8068	The Rock GP-20 powered, 1980	125	150	—	—	—
8071	Virginian SD-18 powered, 1980	85	100	—	—	—
8072	Virginian SD-18 dummy, 1980	50	55	—	—	—
8100	N&W Steam, 4-8-4, J-1, 1981	725	775	—	—	—
8101	Chicago & Alton Steam, 4-6-4, 1981	350	375	—	—	—
8102	Union Pacific Steam, 4-4-2, 1981-82	60	75	—	—	—
8104	Union Pacific Steam, 4-4-0, 1981	225	250	—	—	—
8111	DT&I NW-2 pow. Switcher, 1971-74	30	35	—	—	—

		Exc	Mint	Color	Cond	$
8140	Southern Steam, 2-4-0, 1971	25	35	——	——	——
8141	Pennsylvania Steam, 2-4-2, 1971	30	40	——	——	——
8142	C&O Steam, 4-4-2, 1971	58	65	——	——	——
8143	Milwaukee Steam, 4-4-2, 1971	30	40	——	——	——
8150	Penn GG-1 powered, green, 1981	525	575	——	——	——
8151	Burlington SD-28 powered, 1981	115	135	——	——	——
8152	Canadian Pacific SD-24 pow., 1981	125	145	——	——	——
8153	Reading NW-2 pow. Switcher, 1981	40	55	——	——	——
8154	Alaska NW-2 pow. Switcher, 1981-82	85	100	——	——	——
8155	Monon U36B powered, 1981-82	60	75	——	——	——
8156	Monon U36B dummy, 1981-82	40	50	——	——	——
8155/8156	The pair	100	125	——	——	——
8157	Santa Fe Trainmaster, 1981	275	300	——	——	——
8158	DM&IR GP-35 powered, 1981-82	60	25	——	——	——
8159	DM&IR GP-35 dummy, 1981-82	40	50	——	——	——
8160	Burger King GP-20 powered, 1981-82	75	85	——	——	——
8161	LASER Gas Turbine, 1981-82	15	20	——	——	——
8162	Ontario Northern SD-18 pow., 1981	100	125	——	——	——
8163	Ontario Northern SD-18 dum., 1981	50	60	——	——	——
8164	Penn F-3 B unit, green, horn, 1981	250	275	——	——	——
8182	Nibco NW-2 pow. Switcher, 1982	125	150	——	——	——
8190	Diesel Horn Kit, 1981	—	25	——	——	——
8200	Kickapoo Dockside Steam, 0-4-0, 72	40	50	——	——	——
8203	Pennsylvania Steam, 2-4-2, 1972	30	40	——	——	——
8204	C&O Steam, 4-4-2, 1972	60	70	——	——	——
8206	NYC Steam, 4-6-4, 1972-74	200	225	——	——	——
8209	Pioneer Dockside Steam, 0-4-0, 1972-76					
	(A) With four-wheel Tender	40	50	——	——	——
	(B) No Tender	25	30	——	——	——
8210	Cowen Steam, 4-6-4, 1982	325	375	——	——	——
8212	Black Cave Steam, 0-4-0, 1982	20	25	——	——	——
8213	Rio Grande Steam, 2-4-2, 1982-83	60	70	——	——	——
8214	Pennsylvania Steam, 2-4-2, 1982-83	60	75	——	——	——
8215	Nickel Plate Steam, 4-8-4, 1982	500	550	——	——	——
8250	Santa Fe GP-9 pow., 1972-75, 1982	60	75	——	——	——
8251-50	Horn/Whistle Controller, 1972-74	2	3	——	——	——
8252	D&H Alco A unit powered, 1972	40	55	——	——	——
8253	D&H Alco B unit dummy, 1972	20	30	——	——	——
8254	Illinois Central GP-9 dummy, 1972	30	40	——	——	——
8255	Santa Fe GP-9 dummy, 1972	30	40	——	——	——
8258	Canadian National GP-7 dummy, 72	30	40	——	——	——
8260	SP F-3 A unit powered, 1982-83	300	350	——	——	——
8261	SP F-3 B unit dummy, 1982	—	175	——	——	——
8262	SP F-3 A unit dummy, 1982-83	—	175	——	——	——
8263	Santa Fe GP-7 powered, 1982	35	50	——	——	——
8264	Canadian Pacific Snowplow, 1982	110	135	——	——	——
8265	Santa Fe SD-40 powered, 1982	250	300	——	——	——
8266	N&W SD-24 pow. w/Horn, 1982	125	145	——	——	——
8268	T&P Alco A unit powered, 1982-83	70	85	——	——	——
8269	T&P Alco A unit dummy, 1982-83	30	40	——	——	——

		Exc	Mint	Color	Cond	$
8272	Pennsylvania EP-5, 1982	225	250	——	——	——
8300	Santa Fe Steam, 2-4-0, 1976	20	25	——	——	——
8302	Southern Steam, 2-4-0, 1973-76	25	30	——	——	——
8303	Jersey Central Steam, 2-4-2, 1973-74	40	50	——	——	——
8304	Baltimore & O Steam, 4-4-2, 1975	65	75	——	——	——
8304	C&O Steam, 4-4-2, 1974-77	55	65	——	——	——
8304	Pennsylvania Steam, 4-4-2, 1974	65	75	——	——	——
8304	Rock Island Steam, 4-4-2, 1973-74	55	65	——	——	——
8305	Milwaukee Road Steam, 4-4-2, 1973	60	75	——	——	——
8306	Pennsylvania Steam, 4-4-2, 1974	30	40	——	——	——
8307	SP Steam, 4-8-4 GS-4 "4449", 83	1300	1500	——	——	——
8308	Jersey Central Steam, 2-4-2, 1973-74	40	50	——	——	——
8309	Jersey Central Steam, 2-4-2, 1974	40	50	——	——	——
8309	Southern Steam, 2-8-2 "4501", 1984	400	450	——	——	——
8310	AT&SF Steam, 2-4-0, 1974-75	30	40	——	——	——
8310	Jersey Central Steam, 2-4-0	30	40	——	——	——
8310	Jersey Central Steam, 0-4-0, 1974-75	30	40	——	——	——
8310	Nickel Plate Steam, 2-4-0, 1974-75	30	40	——	——	——
8311	Southern Steam, 1973	30	40	——	——	——
8313	Santa Fe Steam, 0-4-0, 1983	15	20	——	——	——
8314	Southern Steam, 2-4-0, 1983	20	25	——	——	——
8315	B&O Steam, 4-4-0, 1983	75	85	——	——	——
8350	U.S. Steel Gas Turbine, 1974-75	15	20	——	——	——
8351	Santa Fe Alco A powered, 1973-74	35	50	——	——	——
8352	Santa Fe GP-20 powered, 1973-75	60	75	——	——	——
8353	Grand Trunk GP-7 pow., 1974-75	60	75	——	——	——
8354	Erie NW-2 pow. Switcher, 1973-75	75	90	——	——	——
8355	Santa Fe GP-20 dum. w/Horn, 73-75	60	80	——	——	——
8356	Grand Trunk GP-7 dummy, 1974-75	30	40	——	——	——
8357	Pennsylvania GP-9 powered, 73-75	125	145	——	——	——
8358	Pennsylvania GP-9 dummy, 1973-75	35	50	——	——	——
8359	Chessie GP-7 powered, 1973	100	120	——	——	——
8360	Long Island GP-20 powered, 1973-74	60	75	——	——	——
8361	WP Alco A powered, 1973-74	40	50	——	——	——
8362	WP Alco B dummy, 1973-74	25	35	——	——	——
8363/8364/8468A	B&O F-3 ABA, 73-75	100	125	——	——	——
8365	Canadian Pacific F-3 A pow., 1973	225	250	——	——	——
8366	Canadian Pacific F-3 A dum., 1973	100	125	——	——	——
8367	Long Island GP-20 dum. w/Horn, 73	60	75	——	——	——
8368	Alaska RR NW-2 pow. Mot. Unit, 83	125	150	——	——	——
8369	Erie-Lack. GP-20 powered, 1983	70	85	——	——	——
8370/8371/8372	NYC F-3 ABA, 1983	275	300	——	——	——
8374	Burlington NW-2 Switcher, 1983	45	55	——	——	——
8375	C&NW GP-7 powered, 1983	80	100	——	——	——
8376	UP SD-40, Magnetraction, 1983	250	275	——	——	——
8377	U.S. Switcher with decal sheet, 1983	20	25	——	——	——
8378	Wabash, 1983	550	600	——	——	——
8379	Penn Motorized Fire Fighter, 1985	110	135	——	——	——
8380	Lionel Lines SD-28 powered, 1983	110	140	——	——	——
8402	Reading Steam, 4-4-2, 1984	60	75	——	——	——

		Exc	Mint	Color	Cond	$
8403	Chessie Steam, 4-4-2, 1974-75	60	75	——	——	——
8403	Chessie Steam, 4-4-2, 1984-85	60	75	——	——	——
8404	Pennsylvania 6-8-6, 1984-85	400	450	——	——	——
8406	NYC Semi-scale Hudson Steam, 4-6-4, 1985					
		850	900	——	——	——
8408	Pennsylvania 6-8-6 Turbine, 1985	NA	NA			
8410	Redwood Steamer, 4-4-0, 1984-85	40	45	——	——	——
8452	Erie Alco A powered, 1974	35	50	——	——	——
8453	Erie Alco B dummy, 1974	25	30	——	——	——
8454	Rio Grande GP-7 powered, 1974-75	60	75	——	——	——
8455	Rio Grande GP-7 dummy, 1974-75	30	40	——	——	——
8456	Norfolk Southern GP-7, 1974	60	75	——	——	——
8458	Erie-Lack. SD-40 twin motors, Magnetraction, Horn, 1985					
		260	275	——	——	——
8459	Rio Grande Rotary Snowplow, 1984	125	150	——	——	——
8460	MKT NW-2 pow. Switcher, 1973-75	30	40	——	——	——
8463	Chessie GP-20 powered, 1974	80	95	——	——	——
8464	Rio Grande F-3 A powered, 1974	100	125	——	——	——
8465	Rio Grande F-3 A dummy, 1974	50	75	——	——	——
8466	Amtrak F-3 A powered, 1974-75	110	150	——	——	——
8467	Amtrak F-3 A dummy, 1974-75	50	75	——	——	——
8468	B&O F-3 B dummy, 1974, (See 8363)					
8469	CP F-3 B dummy, 1974	125	150	——	——	——
8470	Chessie U36B powered, 1974	85	100	——	——	——
8471	Penn NW-2 pow. Switcher, 1973-74	110	135	——	——	——
8473	Coca-Cola NW-2 pow. Switcher, 1975	45	60	——	——	——
8474	Rio Grande F-3 dummy, 1975	84	100	——	——	——
8475	Amtrak F-3 B dummy, 1975	70	85	——	——	——
8477	NYC GP-9 powered, 1985	200	235	——	——	——
8480/8481/8482	UP F-3 ABA units, 1985	175	200	——	——	——
8485	U.S. Marines NW-2 Switcher, 1984	55	60	——	——	——
8500	Pennsylvania Steam, 2-4-2, 1976	20	25	——	——	——
8502	Santa Fe Steam, 2-4-0, 1975	20	25	——	——	——
8506	Pennsylvania Steam, 0-4-0, 1975-77	160	125	——	——	——
8510	Pennsylvania Steam, 0-4-0, 1975	20	25	——	——	——
8512	Santa Fe Steam, 0-4-0, blue, 1985-86	20	30	——	——	——
8516	NYC Steam, 0-4-0, 1985-86	125	145	——	——	——
8550	Jersey Central GP-9 powered, 1975	60	75	——	——	——
8551	Pennsylvania EP-5 powered, 1975	115	135	——	——	——
8552	SP Alco FA-2 A powered, 1975	150	175	——	——	——
8553	SP Alco FA-2 B dummy, 1975	150	175	——	——	——
8554	SP Alco FA-2 A dummy, 1975	150	175	——	——	——
8555	Milwaukee Rd. F-3 A powered, 1975	150	175	——	——	——
8556	Chessie NW-2 pow. Switcher, 75-76	150	175	——	——	——
8557	Milwaukee Road F-3 A dummy, 1975	50	75	——	——	——
8558	Milwaukee Road EP-5, pow., 1976	110	135	——	——	——
8559	(See 1776)					
8560	Chessie U36B dummy, 1975	55	65	——	——	——
8561	Jersey Central GP-9 dummy, 1975-76	30	40	——	——	——
8562	Mo. Pac. GP-20 powered, 1975-76	60	75	——	——	——

		Exc	Mint	Color	Cond	$
8563	Rock Island Alco A powered, 1975	40	55	——	——	——
8564	Union Pacific U36B powered, 1975	100	125	——	——	——
8565	Mo. Pac. GP-20 dummy, 1975-76	30	40	——	——	——
8566	Southern F-3A powered, 1975-77	150	175	——	——	——
8567	Southern F-3A dummy, 1975-77	75	100	——	——	——
8568	Preamble Exp. F-3A powered, 1975	65	80	——	——	——
8569	Soo NW-2 pow. Switcher, 1975-77	40	50	——	——	——
8570	Liberty Spec. Alco A powered, 1975	40	50	——	——	——
8571	Frisco U36B powered, 1975-76	65	80	——	——	——
8572	Frisco U36B dummy, 1975-76	30	40	——	——	——
8573	Union Pacific U36B dummy, 1975	125	150	——	——	——
8575	Milwaukee Road F-3 B dummy, 1975	60	75	——	——	——
8576	Penn Cent. GP-7 powered, 1975-76	75	85	——	——	——
8578	NYC Ballast Tamper, pow., 1985	100	125	——	——	——
8580/8581	Illinois Central F-3 AA, 1985-86	—	295	——	——	——
8582	Ill. Central F-3 B with Horn, 1985	—	295	——	——	——
8585	BN SD-40 twin motors, Horn, 1985	275	300	——	——	——
8587	Wabash, GP9, 1985	200	225	——	——	——
8600	NYC Steam, 4-6-4, 1976	225	250	——	——	——
8601	Rock Island Steam, 0-4-0, 1976-77	20	25	——	——	——
8602	Rio Grande Steam, 2-4-0, 1976-78	25	30	——	——	——
8603	C&O Steam, 4-6-4, 1976-77	200	225	——	——	——
8604	Jersey Central 2-4-2, 1976	40	45	——	——	——
8606	Boston & Albany 773 Hudson,	1200	1400	——	——	——
8610	Wabash 4-6-2 Steam, 1986	325	350	——	——	——
8615	Berkshire 2-8-4 Steam, 1986, JC Penney Catalog	400	450	——	——	——
8616	AT&SF 4-4-2, 1986	65	75	——	——	——
8617	NKP Steam 4-4-2, 1986	65	75	——	——	——
8625	PA Steam 2-4-0, 1986	25	35	——	——	——
8630	W&A, 4-4-0 General,	—	135	——	——	——
8635	AT&S 0-4-0 Steam Switcher,	120	145	——	——	——
8650	BN U36B powered, 1976-77	65	80	——	——	——
8651	BN U36B dummy, 1976-77	35	45	——	——	——
8652	Santa Fe F-3A powered, 1976-77	100	125	——	——	——
8653	Santa Fe F-3A dummy, 1976-77	100	125	——	——	——
8654	Boston & Maine GP-9 powered, 76	75	90	——	——	——
8655	Boston & Maine GP-9 dummy, 1976	30	40	——	——	——
8656/8657/8658	CN Alco ABA units, 1976	115	175	——	——	——
8656	CN Alco A unit powered, 1976	60	75	——	——	——
8657	CN Alco B dummy unit only, 1976	30	40	——	——	——
8658	CN Alco A dummy unit only, 1976	60	75	——	——	——
8659	Virginian Rectifier, 1976-77	100	125	——	——	——
8660	CP Rail NW 2 Switcher, 1976-77	60	75	——	——	——
8661	Southern F-3 B dummy	75	90	——	——	——
8662	B&O GP-7, 1986	70	85	——	——	——
8664	Amtrak Alco A powered, 1976-77	50	60	——	——	——
8665	(See 1776)					
8666	Northern Pacific GP-9 pow., 1976	100	125	——	——	——
8667	Amtrak Alco B dummy, 1976-77	40	50	——	——	——

		Exc	Mint	Color	Cond	$
8668	NP GP-9 dummy, 1976	60	70	——	——	——
8669	Illinois Central U36B pow., 1976	100	125	——	——	——
8670	Chessie Gas Turbine, 1976	15	20	——	——	——
8679	Northern Pacific GP-20, 1986	—	80	——	——	——
8687	Jersey Central FM Diesel, 1986	260	275	——	——	——
8690	Lionel Lines Trolley Car, 1986	90	100	——	——	——
8701	W & ARR (Gen.) 4-4-0 #3, 1977-78	125	150	——	——	——
8702	Crescent Limited Steam, 4-6-4, 1977	300	350	——	——	——
8703	Wabash Steam, 2-4-2, 1977	25	35	——	——	——
8750	The Rock GP-7 powered, 1977	70	85	——	——	——
8751	The Rock GP-7 dummy, 1977	30	40	——	——	——
8753	Penn GG-1 powered, tuscan, 1977	375	425	——	——	——
8754	New Haven Rectifier, 1977-78	120	135	——	——	——
8755	Santa Fe U36B powered, 1977-78	65	80	——	——	——
8756	Santa Fe U36B dummy, 1977-78	35	45	——	——	——
8757	Conrail GP-9 powered, 1977-78	75	90	——	——	——
8758	Southern GP-7 dummy, 1978	30	40	——	——	——
8759	Erie-Lack. GP-9 powered, 1977-79	70	85	——	——	——
8760	Erie-Lack. GP-9 dummy, 1977-79	30	40	——	——	——
8761	GTW NW-2 pow. Switcher, 1977-78	60	75	——	——	——
8762	Great Northern EP-5, 1977-78	125	150	——	——	——
8763	N & W GP-9 powered, 1977-78	60	75	——	——	——
8764	B & O Budd RDC powered, 1977	100	125	——	——	——
8765	B & O Budd RDC dummy, 1977	50	60	——	——	——
8766	B & O Budd RDC powered with 8767, 8768, 1977	300	325	——	——	——
8767	B & O RDC dummy, 1977 (See 8766)					
8768	B & O RDC dummy, 1977 (See 8766)					
8769	Republic Steel Gas Turbine, 1977	15	20	——	——	——
8770	EMD NW-2 pow. Switcher, 1977	50	65	——	——	——
8771	Great Northern U36B powered, 1977	100	120	——	——	——
8772	GM & O GP-20 powered, 1977	70	85	——	——	——
8773	Mickey Mouse U36B pow., 1977-78	250	275	——	——	——
8774	Southern GP-7 powered, 1977-78	70	85	——	——	——
8775	Lehigh Valley GP-9 pow., 1977-78	65	80	——	——	——
8776	C & NW GP-20 powered, 1977-78	55	70	——	——	——
8777	Santa Fe F-3 B unit dummy, 1977-78	65	80	——	——	——
8778	Lehigh Valley GP-9 dummy, 1977-78	30	40	——	——	——
8779	C & NW GP-20 dummy, 1977-78	30	40	——	——	——
8800	Lionel Lines Steam, 4-4-2, 1978, 1981	100	125	——	——	——
8801	Blue Comet Steam, 4-6-4, 1979-80	300	350	——	——	——
8803	Santa Fe Steam, 0-4-0, 1979	10	20	——	——	——
8850	Penn Central GG-1, black, 1979	325	350	——	——	——
8851	New Haven F-3A powered, 1978-79	225	250	——	——	——
8852	New Haven F-3A dummy, 1978-79	225	250	——	——	——
8854	CP Rail GP-9 powered, 1978-79	75	85	——	——	——
8855	Milwaukee Road SD-18 pow., 1978	100	135	——	——	——
8857	Northern Pacific U36B pow., 1978-80	65	80	——	——	——
8858	NP U36B dummy, 1978-80	30	40	——	——	——
8859	Conrail Rectifier, 1978-80, 1982	120	145	——	——	——

		Exc	Mint	Color	Cond	$
8860	Rock NW-2 pow. Switcher, 1978-79	60	75	—	—	—
8861	Santa Fe Alco A powered, 1978-79	35	45	—	—	—
8862	Santa Fe Alco A dummy, 1978-79	25	30	—	—	—
8864	New Haven F-3 B dummy, 1978	60	75	—	—	—
8866	M&StL GP-9 powered, 1978	85	100	—	—	—
8867	M&StL GP-9 dummy, 1978	40	50	—	—	—
8868	Amtrak Budd RDC pow., 1978, 1980	100	125	—	—	—
8869	Amtrak Budd RDC dum., 1978, 1980	65	75	—	—	—
8870	Amtrak Budd RDC dum., 1978, 1980	65	75	—	—	—
8871	Amtrak Budd RDC dum., 1978, 1980	65	75	—	—	—
8872	Santa Fe SD-18 powered, 1978-79	100	125	—	—	—
8873	Santa Fe SD-18 dummy, 1978-79	60	75	—	—	—
8900	AT&SF Steam, 4-6-4, 1979	350	375	—	—	—
8902	ACL Steam, 2-4-0, 1979-82	15	20	—	—	—
8903	Rio Grande Steam, 2-4-2, 1979	20	25	—	—	—
8904	Wabash Steam, 2-4-2, 1979, 1981	35	40	—	—	—
8905	Unlettered Steam, 0-4-0, 1979	10	20	—	—	—
8950	Virginian Trainmaster, 1978	250	275	—	—	—
8951	SP Trainmaster, 1979	375	425	—	—	—
8955	Southern U36B powered, 1979	80	95	—	—	—
8956	Southern U36B dummy, 1979	35	45	—	—	—
8957	BN GP-20 powered, green, 1979	50	75	—	—	—
8958	BN GP-20 dummy, green, 1979	30	40	—	—	—
8960/8961	SP U36C, 1979	80	95	—	—	—
8961	SP U36C dummy, 1979	35	45	—	—	—
8962	Reading U36C, 1979	60	85	—	—	—
8970/8971	Pennsy F-3A w/Dummy, 79-80	250	275	—	—	—
9010	Great Northern Short Hopper, 1971	3	5	—	—	—
9011	Great Northern Short, 1971, 1979	5	6	—	—	—
9012	TAG Short Hopper, 1971-72, 1979	5	7	—	—	—
9013	CN Short Hopper, 1972-74, 1979	4	5	—	—	—
9014	Trailer Train Flatcar, (O27), 1978	4	6	—	—	—
9015	Reading Short Hopper, 1973-74, 1979	12	15	—	—	—
9016	Chessie Short Hop, yellow, 1975-79	3	4	—	—	—
9017	Wabash Gondola, (O27), 1978, 1980-81	4	5	—	—	—
9018	DT&I Short Hopper, 1978, 1981	5	8	—	—	—
9019	Unlettered Set Flatcar, (O27), 1978	1	2	—	—	—
9020	Union Pacific Flatcar, (O27), 1970-77	4	5	—	—	—
9021	Santa Fe Work Caboose, 1970-74	7	10	—	—	—
9022	AT&SF Bulkhead Flatcar, 1971, 77	5	7	—	—	—
9023	MKT Bulkhead Flatcar, 1974, 1978	3	4	—	—	—
9024	C&O Flatcar, yellow, (O27), 1974	3	4	—	—	—
9025	DT&I Work Caboose, 1971-74	8	10	—	—	—
9025	DT&I Work Caboose, 1978	5	7	—	—	—
9026	Republic Steel Flatcar, 1975-77, 1980	3	4	—	—	—
9027	Soo Work Caboose, 1975	8	10	—	—	—
9028	B&O Short Hopper, 1978	NRS	NRS	—	—	—
9030	Kickapoo, 1972, 1979	5	7	—	—	—
9031	Nickel Plate Gon., 1974, 1979, 1983	5	7	—	—	—
9032	SP Gondola, (O27), 1975, 1978	3	4	—	—	—

		Exc	Mint	Color	Cond	$
9033	Penn Central Gon., 77, 79, 81-82	3	4	——	——	——
9034	Lionel Leisure Short Gondola, (O27)	25	30	——	——	——
9034	Happy Hopper,	—	40	——	——	——
9035	Conrail Boxcar, (O27), 1978-82	4	8	——	——	——
9036	Mobilgas 1-D Tank, white, 1978-80	3	5	——	——	——
9037	Conrail Boxcar, (O27), 1978-81	4	8	——	——	——
9038	Chessie Short Hop., blue, 1975-79	3	4	——	——	——
9039	Mobilgas 1-D Tank, red, 1978, 1980	3	5	——	——	——
9040	Wheaties Boxcar, (O27), 1970	5	7	——	——	——
9041	Hershey's Boxcar, (O27), 1971	5	7	——	——	——
9042	Autolite Boxcar, (O27), 1972	5	6	——	——	——
9043	Erie-Lack. Boxcar, (O27), 1973-74	5	7	——	——	——
9044	D&RGW Boxcar, (O27), 1975, 1979	6	8	——	——	——
9045	Toys 'R' Us Boxcar, (O27)	40	50	——	——	——
9046	True Value Boxcar, (O27), 1976	40	50	——	——	——
9047	Toys 'R' Us Boxcar, (O27)	25	35	——	——	——
9048	Toys 'R' Us Boxcar, (O27)	25	35	——	——	——
9049	Toys 'R' Us Boxcar, 1979	35	50	——	——	——
9050	Sunoco 1-D Short Tank, 1970-71	7	9	——	——	——
9051	Firestone 1-D Tank, white, 1974-75	5	7	——	——	——
9052	Toys 'R' Us Short Boxcar	25	35	——	——	——
9053	True Value Short Boxcar	35	50	——	——	——
9054	JC Penney Short Boxcar	35	50	——	——	——
9055	Republic Steel Gondola, (O27), 77-81	10	12	——	——	——
9057	CP Rail SP Caboose, 1978-79	9	11	——	——	——
9059	Lionel Lines SP Caboose, 1978-79	6	8	——	——	——
9060	Nickel Plate SP Caboose, 1970-71	6	8	——	——	——
9061	AT&SF SP Caboose, 1970-71, 1978	6	8	——	——	——
9062	Penn Central SP Caboose, 1970-71	5	9	——	——	——
9063	GTW SP Caboose, 1970	20	25	——	——	——
9064	C&O SP Caboose, 1971	7	10	——	——	——
9065	CN SP Caboose, 1971-72	20	25	——	——	——
9066	Southern SP Caboose	8	10	——	——	——
9067	Kickapoo Valley Bobber Caboose, 72	7	10	——	——	——
9068	Reading Bobber Caboose, 1973-75	6	8	——	——	——
9069	Jersey Central SP Caboose, 1973-74	6	8	——	——	——
9070	Rock Island SP Caboose, 1973-74	10	12	——	——	——
9071	AT&SF Bobber Caboose, 1974-75	8	10	——	——	——
9073	Coca-Cola SP Caboose, 1973	8	10	——	——	——
9075	Rock Island SP Caboose, 1973-74	8	10	——	——	——
9076	We The People SP Caboose, 1975	9	11	——	——	——
9077	Rio Grande SP Caboose, 1977-79, 1981	6	8	——	——	——
9078	Rock Island Bobber Cab., 1977-79	6	8	——	——	——
9079	AT&SF Caboose, 1979	NRS	NRS	——	——	——
9079	GTW Short Hopper, 1977	9	12	——	——	——
9080	Wabash SP Caboose, 1977	10	11	——	——	——
9085	AT&SF Work Caboose, 1980-81	5	6	——	——	——
9090	Mini-Max four-wheel Van Car	30	40	——	——	——
9106	Miller Vat Car, 1984	12	15	——	——	——
9107	Dr. Pepper Vat Carrier, 1986	12	15	——	——	——

		Exc	Mint	Color	Cond	$
110	B&O Quad Hopper, 1971	15	20	——	——	——
111	N&W Quad Hopper, 1972	10	15	——	——	——
112	D&RG Quad Hopper, 1972-73	12	15	——	——	——
113	N&W Quad Hopper, 1973	25	30	——	——	——
114	Morton's Quad Hopper, 1975-76	10	12	——	——	——
115	Planter's Quad Hopper, 1974-76	10	12	——	——	——
116	Domino Sugar Quad Hopper, 1974-76	10	12	——	——	——
117	Alaska Quad Hopper, 1974-76	15	20	——	——	——
118	LCCA Corning Quad Hopper, 1974	65	75	——	——	——
119	Detroit & Mack. Quad Hopper, 1975	25	30	——	——	——
120	Northern Pac. Flat w/Vans, 1973-75	12	15	——	——	——
121	L&N Flat w/Dozer, 1974, 76, 78-79	12	15	——	——	——
122	Northern Pacific Flatcar with Vans	25	30	——	——	——
123	Chesapeake & Ohio Flatcar	12	15	——	——	——
124	P&LE Flatcar with Logs, 1973	6	8	——	——	——
125	Norfolk & Western Quad, 1974	15	25	——	——	——
126	Chesapeake & Ohio Quad, 1973-74	12	15	——	——	——
128	Heinz Vat Car, 1974-76	10	12	——	——	——
129	N&W Auto Carrier, brown, 1975	12	15	——	——	——
130	B&O Quad Hopper, 1970-71	12	20	——	——	——
9131	Rio Grande Gondola, orange, 1974	3	4	——	——	——
9132	Libby's Vat Car, 1975-77	10	20	——	——	——
9133	BN Gondola, green, 1976, 1980	6	8	——	——	——
9134	Virginian Quad Hopper, 1976-77	20	25	——	——	——
9135	N&W Quad Hopper, 1971	12	15	——	——	——
9136	Republic Steel Gondola, blue, 1976-79	6	8	——	——	——
9138	Sunoco 1-D Tank, 1978	25	35	——	——	——
9139	Penn Central Gondola, 1977	10	15	——	——	——
9140	Burlington Gondola, 1970-71, 1980-81	3	4	——	——	——
9141	BN Gondola 1970-71, 1980, 1981	3	4	——	——	——
9142	Republic Steel Gondola, green, 1971	3	4	——	——	——
9143	Canadian National Gondola, 1973	20	25	——	——	——
9144	Rio Grande Gondola, black, 1974	4	5	——	——	——
9145	IC Gulf Auto Carrier, 1977	8	15	——	——	——
9146	Mogen David Vat Car, 1977-79	10	12	——	——	——
9147	Texaco 1-D Tank, 1977	12	20	——	——	——
9148	Dupont 3-D Tank, 1977-79, 1981	10	18	——	——	——
9149	CP Rail Flatcar with Vans, 1977	10	25	——	——	——
9150	Gulf 1-D Tank Car, 1971	20	25	——	——	——
9151	Shell 1-D Tank Car, 1972	12	15	——	——	——
9152	Shell 1-D Tank Car, 1973-74	9	12	——	——	——
9153	Chevron 1-D Tank Car, 1974-76	10	12	——	——	——
9154	Borden 1-D Tank Car, 1975-76	10	20	——	——	——
9155	LCCA, Monsanto 1-D Tank Car, 1977	50	60	——	——	——
9156	Mobilgas 1 D Tank Car, 1976-77	12	15	——	——	——
9157	C&O Flatcar w/Crane, 1976-78, 1981	12	25	——	——	——
9158	PC Flatcar w/Shovel, 1976-77, 1980	12	25	——	——	——
9159	Sunoco 1-D Tank Car	30	35	——	——	——
9160	Illinois Central N5C Caboose, 1971	17	20	——	——	——
9160	Illinois Central N5C Caboose, 1975	(See 8030 valued with set)				

		Exc	Mint	Color	Cond	$
9161	CN N5C Caboose, 1971	15	25	——	——	——
9162	Pennsylvania N5C Caboose, 1972-76	20	30	——	——	——
9163	AT&SF N5C Caboose, 1973-76	10	18	——	——	——
9165	Canadian Pacific N5C Caboose, 1973	25	30	——	——	——
9166	Rio Grande SP Caboose, 1974	12	20	——	——	——
9167	Chessie N5C Caboose, 1974-76	8	25	——	——	——
9168	Union Pacific N5C Caboose, 1975-76	10	25	——	——	——
9169	Milwaukee Road SP Caboose, 1975	15	20	——	——	——
9170	N&W (See 1776, 1976)					
9171	MP SP Caboose, 1975-77	10	12	——	——	——
9172	Penn Central SP Caboose, 1975-77	12	22	——	——	——
9173	Jersey Central SP Caboose, 1975-77	10	12	——	——	——
9174	P&LE B/W Caboose, green, 1976	40	90	——	——	——
9175	Virginian N5C Caboose, 1975-77	15	20	——	——	——
9176	BAR N5C Caboose, 1976	20	30	——	——	——
9177	North. Pac. B/W Cab., green, 1976	20	25	——	——	——
9178	Illinois Central SP Caboose	15	25	——	——	——
9179	Chessie Bobber Caboose, 1979	6	8	——	——	——
9180	The Rock N5C Caboose, 1977, 1978	10	25	——	——	——
9181	B&M N5C Caboose, blue, 1977	10	25	——	——	——
9182	N&W N5C Caboose, black, 1977-80	10	20	——	——	——
9183	Mickey Mouse N5C Caboose, 1977-78	20	25	——	——	——
9184	Erie Bay Window Caboose, 1977-78	15	25	——	——	——
9185	GTW N5C Caboose, 1977	10	20	——	——	——
9186	Conrail N5C Caboose, 1977-78	10	20	——	——	——
9187	GM&O SP Caboose, 1977-78	15	25	——	——	——
9188	Great Northern B/W Cab., 1977	25	35	——	——	——
9189	Gulf 1-D Tank Car, chrome, 1977	25	30	——	——	——
9193	Budweiser Vat Car, 1983	12	20	——	——	——
9195	(O27) Rolling Stock Asst. 1986	NA	NA	——	——	——
9200	Illinois Central Boxcar, 1970-72	20	25	——	——	——
9201	Penn Central Boxcar, 1970	20	25	——	——	——
9202	Santa Fe Boxcar, red, 1970	25	35	——	——	——
9203	Union Pacific Boxcar, 1970	30	35	——	——	——
9204	Northern Pacific Boxcar, green, 1970	30	35	——	——	——
9205	Norfolk & Western Boxcar, 1970	12	15	——	——	——
9206	Great Northern Boxcar, blue, 1970-71	12	15	——	——	——
9207	Soo Boxcar, red, 1971	12	15	——	——	——
9208	CP Rail Boxcar, yellow, 1971-72	12	15	——	——	——
9209	Burlington North. Box, green, 70-72	12	15	——	——	——
9210	B&O Automobile Boxcar, 1971	12	25	——	——	——
9211	Pennsylvania Central Boxcar, 1971	30	35	——	——	——
9212	LCCA Flatcar w/Vans, Atlanta 1976	25	30	——	——	——
9213	M&StL Quad Hopper, 1978	20	25	——	——	——
9214	Northern Pacific Box, tuscan, 70-72	12	15	——	——	——
9215	Norfolk & Western Boxcar, 1971	30	35	——	——	——
9216	Great Northern Auto Carrier, 1978	20	30	——	——	——
9217	Soo Lines Oper. Box, 1982-83, 1985	15	20	——	——	——
9218	Monon Operating Boxcar, 1981-82	15	20	——	——	——
9219	MP Operating Boxcar, 1983	25	30	——	——	——
9220	Borden Operat. Milk Car Set, 85-86	—	75	——	——	——

PREWAR
203	0-4-0, Armored Loco, (O), 1917-21	500	1200	---
760	16 pc. Curved Track (O72), 35-42	25	50	---

POSTWAR
6111	Flatcar w/Logs, yellow, 1955	2	5	---
6357	AT & SF SP Type 4 Caboose	250	600	---

FUNDIMENSIONS
783	See 8406	NRS	NRS
784	See B&A 8608	NRS	NRS
5045	Wide Radius Track Ballast, 1987	NRS	NRS
5046	Curved Track Ballast, 1987	NRS	NRS
5047	Straight Track Ballast, 1987	NRS	NRS
5560	Wide Ballast, (O), 1987	NRS	NRS
5561	Curve Track Ballast, (O), 1987	NRS	NRS
5562	Straight Ballast, (O), 1987	NRS	NRS
8158	DM &IR GP-35 powered, 1981-82	60	75
8252/8253/8254	SP Alco ABA, 75-76	200	250
8261	SP 5-3 B Unit dummy, 1982	—	400
8378	Wabash, Dies. Trainmasters, 83	550	700
8582	Ill. Central F-3B w/ horn, 85	—	85
8970	PRR F-3 A Unit, Tuscan	150	225
8971	PRR F-3 A Unit, Tuscan	150	225
8952	PRR F-3 A Unit, Green	225	300
8953	PRR F-3 A Unit, Green	225	300
9133	BN Flatcar w/van, Green 1976,80	6	8
12700	Erie Magnetic Crane, 1987	—	150
12701	Oper. Fuel Station, 1987	—	82
12702	Oper. Control Tower, 1987	—	70
12706	Barrel Loader Bldg., 1987	—	125
12707	New Billboards, 1987	—	9
12709	Banjo Signal, 1987	—	25
12710	Engine House, 1987	—	23
12711	Water Tower, 1987	—	12
12712	Auto. Ore Loader, 1987	—	22
12713	Auto. Gateman, 1987	—	36
12714	Auto. Crossing Gate, 1987	—	23
12715	Illum. Bumpers, 1987	—	6
12716	Searchlight Tower, 1987	—	26
12717	Non-Iluml. Bumpers, 1987	—	3
12718	Barrel Shed, 1987	—	6
16000	PRR Pass, Vista Dome, 1987	—	25
16001	PRR Pass, 1987	—	25
16002	PRR Pass, 1987	—	25
16003	PRR Obs, 1987	—	25
16301	Barrel Ramp, 1987	—	15
16303	PRR Flat w/Trailers, 1987	—	30
16611	Santa Fe Log Dump, 1988	—	20
17301	Conrail Box, 1987	—	30
17401	Conrail Gondola, 1987	—	20
17501	Conrail Flat w/Stakes, 1987	—	20
18001	4-8-4 Steam, 1987	—	750
18002	(785)NYC 4-6-4 Steam, 1987	—	1250
18300	PRR GG1, Electric, 1987	—	595
18301	Southern FM, 1988	—	400
18602	PRR 4-4-2 Steam, 1987	—	90
19000	Blue Comet Dining Car, 1987	—	79
19001	So. Cres. Dining Car, 87	—	79
10400	Milw Rd. Gondola, 1987	—	26
19500	Milw Rd. Reefer, 1987	—	32
19600	Milw Rd. Tank, 1987	—	40
19701	Milw Rd. Caboose, 1987	—	35
19802	Carnation Oper. Milk Car, 1987	—	90
19803	Ice Car, 1987	—	20

		Exc	Mint	Color	Cond	$
9221	Poultry Dispatch, 1985-86	25	30	——	——	——
9222	L&N Flatcar with Vans, 1983	12	14	——	——	——
9223	Reading Operating Boxcar, 1985	25	30	——	——	——
9224	Louisville Oper. Horse Car Set, 1985	—	75	——	——	——
9225	Conrail Operat. Barrel Car, 84-85	35	40	——	——	——
9226	D&H Flatcar with Vans, 1985	—	14	——	——	——
9227	Canadian Pacific Boxcar, 1986	20	25	——	——	——
9228	Canadian Pacific Boxcar, 1986	20	25	——	——	——
9229	Express Mail Oper. Boxcar, 1985-86	20	25	——	——	——
9230	Monon Boxcar, brown, 1972	8	10	——	——	——
9231	Reading B/W Caboose, 1979	25	30	——	——	——
9232	Allis Chalmers Flatcar w/Load, 1980	20	25	——	——	——
9233	Die-cast Transformer Flatcar, 1980	35	45	——	——	——
9234	Radioactive Waste Car, 1980	30	35	——	——	——
9235	Union Pacific Flat with Derrick, 1983	10	12	——	——	——
9236	C&NW Derrick Car, 1985	15	20	——	——	——
9237	UPS Operating Boxcar, 1984			Not Manufactured		
9238	NP Operating Log Dump, 1985	12	15	——	——	——
9239	Lionel Lines N5C Caboose, 1985	30	35	——	——	——
9240	NYC Hopper Car, 1986	25	30	——	——	——
9241	Penn Oper. Log Dump Car, 1985	12	15	——	——	——
9244	Citgo 3-D Tank Car, 1980	16	18	——	——	——
9245	Illinois Central Derrick Car, 1985	NA	NA	——	——	——
9247	NYC Searchlight Car, (see 6529)			Not Manufactured		
9250	Waterpoxy 3-D Tank Car, 1971	20	25	——	——	——
9259X	Southern Bay Window Cab., 1977	35	40	——	——	——
9260	Reynolds Quad Hopper, 1975-78	10	12	——	——	——
9261	Sunmaid Quad Hopper, 1975-76	10	12	——	——	——
9262	Ralston-Purina Quad Hop., 1975-76	40	50	——	——	——
9263	Pennsylvania Quad Hopper, 1975-77	25	30	——	——	——
9264	Ill. Central Quad Hopper, 1975-77	25	30	——	——	——
9265	WM Chessie Quad Hopper, 1975-77	25	30	——	——	——
9266	Southern "Big John" Quad, 1976	40	50	——	——	——
9267	Alcoa Quad Hopper, 1975	30	40	——	——	——
9268	NP B/W Caboose, gold, 1977-78	25	35	——	——	——
9269	Milwaukee Road B/W Caboose, 1978	25	30	——	——	——
9270	NP N5C Caboose, 1978, 1980	15	20	——	——	——
9271	M&StL B/W Caboose, 1978-79	20	30	——	——	——
9272	New Haven B/W Caboose, 1978-80	15	20	——	——	——
9273	Southern Bay Window Cab., 1978	20	30	——	——	——
9274	Santa Fe Bay Window, red, 1979	50	65	——	——	——
9275	Santa Fe Bay Window, red, 1978	NRS	NRS	——	——	——
9276	Peabody Open Quad Hopper, 1978	25	35	——	——	——
9276	T&P SP Caboose, 1980			Not Manufactured		
9277	Cities Service 3-D Tank Car, 1977	25	30	——	——	——
9278	Lifesavers 1-D Tank Car, 1978-79	20	25	——	——	——
9279	Magnolia 3-D Tank Car, 1978-79	10	12	——	——	——
9280	AT&SF Horse Transport, 1978-80	8	17	——	——	——
9281	ATSF 2-level carrier, 1978-79	12	15	——	——	——
9282	GN Flatcar with Vans, 1978, 1981-82	12	15	——	——	——

		Exc	Mint	Color	Cond	$
9283	Union Pacific Gondola, 1977	8	10	—	—	—
9284	AT&SF Gondola, red, 1977-78	12	15	—	—	—
9285	IC Gulf Flatcar w/Vans	20	25	—	—	—
9286	B&LE Quad Hopper, 1977	15	20	—	—	—
9287	Southern N5C Caboose, 1978	15	20	—	—	—
9288	Lehigh Valley N5C Cab., 1978, 1980	15	20	—	—	—
9289	C&NW N5C Caboose, 1978, 1980	15	20	—	—	—
9290	UP Operating Barrel Car, 1983	50	60	—	—	—
9300	PC Dump Car, green, 1970-73	12	15	—	—	—
9301	Operating U.S. Mail Car, 1975-83	13	20	—	—	—
9302	L&N Searchlight Car, 1973-74	12	15	—	—	—
9303	UP Operating Log Dump, 1974, 1979	8	10	—	—	—
9304	C&O Coal Operating Dump, 1973-76	10	12	—	—	—
9305	Santa Fe Animated Stock, 1980, 1982	10	14	—	—	—
9306	AT&SF Animated Stock Car, 1980	9	13	—	—	—
9306	C&O Oper. Coal Dump Car, 1974-76	10	12	—	—	—
9307	Erie Animated Gon., 1979-83, 1985	33	40	—	—	—
9308	Aquarium Car, 1981-83, 1985	50	60	—	—	—
9309	TP&W B/W Caboose, 1980-81	15	20	—	—	—
9310	AT&SF Log Dump, 1978-79, 81-83	10	13	—	—	—
9311	UP Operating Coal Dump, 1978-82	10	13	—	—	—
9312	Conrail Searchlight Car, 1978-83	12	15	—	—	—
9313	Gulf 3-D Tank Car, black, 1979	25	35	—	—	—
9315	Southern Pacific Gondola, 1979	20	25	—	—	—
9316	Southern Pacific B/W Caboose, 1979	35	40	—	—	—
9317	AT&SF B/W Caboose, blue, 1979	25	30	—	—	—
9319	TCA Silver Jubilee Gold Bullion Car, 1979	60	85	—	—	—
9320	Fort Knox Gold Bullion Car, 1979	75	90	—	—	—
9321	AT&SF 1-D Tank, 1979	25	30	—	—	—
9322	AT&SF Quad Hopper, 1979	30	40	—	—	—
9323	AT&SF B/W Caboose, 1979	30	35	—	—	—
9324	Tootsie Roll 1-D Tank, 1979, 1981-82	12	15	—	—	—
9325	N&W Flat with Fence, black, 1980-81	3	4	—	—	—
9325	N&W Flat, red with Cab, 1978-79	4	5	—	—	—
9325	USMC Security Caboose, 1983	3	5	—	—	—
9326	BN B/W Caboose, green, 1979-80	20	25	—	—	—
9327	Bakelite 1-D Tank Car, 1980	12	14	—	—	—
9328	WM Chessie B/W Caboose, 1980	25	30	—	—	—
9329	WM Chessie Crane, 1980	35	45	—	—	—
9330	Kickapoo Valley Dump Car, 1972	3	4	—	—	—
9331	Union 76 1-D Tank Car, 1979	25	30	—	—	—
9332	Reading B/W Caboose, 1979	35	45	—	—	—
9332	Reading Crane, 1979	25	35	—	—	—
9333	SP Flatcar with Vans, 1980	10	14	—	—	—
9334	Humble 1-D Tank Car, 1979	12	15	—	—	—
9335	B&O Oper. Log Dump, 1986	—	15	—	—	—
9336	CP Rail Gondola, 1979	20	25	—	—	—
9338	Penn Power Quad Hopper, 1979	40	50	—	—	—
9339	GN Boxcar, (O27), 1979-81, 1983	4	8	—	—	—

		Exc	Mint	Color	Cond	$
9440	Illinois Central Gond. Car, (O27), 79-81	3	5	——	——	——
9441	Atlantic Coast Line SP Cab., 1979-82	6	8	——	——	——
9444	Citgo 3-D Tank, 1980	30	35	——	——	——
9445	Reading Searchlight Car, 1985	15	20	——	——	——
9446	NY, NH & H SP Caboose, 1980-81	6	8	——	——	——
9446	Wabash SP Caboose, 1979	6	10	——	——	——
9447	Niagara Falls TTOS 1-D Tank, 1979	40	50	——	——	——
9448	Santa Fe Crane, 1979	45	55	——	——	——
9449	San Francisco Mint, 1980	55	65	——	——	——
9451	Pennsylvania Auto Carrier, 1980	10	25	——	——	——
9452	C&NW Flatcar with Vans, 1980	10	14	——	——	——
9453	Crystal 3-D Tank Car, 1980	12	15	——	——	——
9454	Pennzoil 1-D Tank Car, 1981	15	20	——	——	——
9455	D&H Bay Window Caboose, 1980	20	25	——	——	——
9457	Smokey Mountain Bobber Cab., 1979	5	6	——	——	——
9458	LCCA Sands of Iowa Quad Hop., 1980	20	25	——	——	——
9459	National Basketball Boxcar, 1980	20	25	——	——	——
9460	National Hockey League Boxcar, 80	20	25	——	——	——
9461	C&NW Bay Window Caboose, 1980	20	25	——	——	——
9462	Major League Baseball Boxcar, 1980	20	25	——	——	——
9463	N&W Operating Dump, 1979	25	30	——	——	——
9465	Toys 'R' Us Boxcar, (O27), 1979	30	35	——	——	——
9466	UP Quad Hopper, 1980	20	25	——	——	——
9467	Union Pacific 1-D Tank Car, 1980	15	20	——	——	——
9468	UP Bay Window Caboose, 1980	20	25	——	——	——
9469	Sinclair 1-D Tank Car, 1980	25	30	——	——	——
9470	Seaboard Gondola, 1980	20	25	——	——	——
9471	Atlantic Sugar Quad Hopper, 1980	20	30	——	——	——
9472	Seaboard Bay Window Cab., 1980	20	25	——	——	——
9473	Getty 1-D Tank, white, 1980-81	15	20	——	——	——
9474	Reading Quad Hopper, 1980-81	35	45	——	——	——
9476	T&P SP Caboose, 1981	20	25	——	——	——
9478	Lionel, Flat w/yellow Derrick, 1981	15	20	——	——	——
9479	AT&SF Gondola, black, 1980	20	25	——	——	——
9480	NY, NH & H SP Caboose, 1980	10	12	——	——	——
9481	Chessie, SP Caboose, 1980	8	10	——	——	——
9482	Florida East Coast B/W Cab., 1980	15	20	——	——	——
9483	Union Pacific Flatcar w/Vans, 1980	20	30	——	——	——
9484	GN Operating Short Hopper, 1981	55	65	——	——	——
9485	Alaska Gondola, yellow, 1981	20	25	——	——	——
9486	Pure Oil 1-D Tank Car, 1981	25	30	——	——	——
9487	Burlington B/W Caboose, red, 1981	25	35	——	——	——
9488	Toys 'R' Us Boxcar, (O27), 1981	30	35	——	——	——
9489	Radioactive Waste Car, 1981	20	25	——	——	——
9498	Penn Operating Coal Dump, 1983	12	15	——	——	——
9499	C&N Coal Dump, 1983-84	15	20	——	——	——
9400	Conrail Boxcar, brown, 1978	12	15	——	——	——
9401	Great Northern "Pig" Boxcar, 1979	10	12	——	——	——
9402	Susquehanna Boxcar, 1978	20	25	——	——	——
9403	SCL Boxcar, black, 1978	12	15	——	——	——

		Exc	Mint	Color	Cond	$
9404	Nickel Plate Boxcar, 1978-79	10	12	——	——	——
9405	Chattahoochie Boxcar, 1978-79	10	12	——	——	——
9406	D&RGW Boxcar, 1978-79	10	12	——	——	——
9407	Union Pacific Boxcar, 1978	15	20	——	——	——
9408	Lionel Lines Circus Car, 1978	20	25	——	——	——
9411	Lackawanna "Snow" Boxcar, 1978	20	25	——	——	——
9412	RF&P Boxcar, 1979	12	15	——	——	——
9413	Napierville Jct. Boxcar, 1979-80	8	10	——	——	——
9414	Cotton Belt Boxcar, 1980	8	10	——	——	——
9415	P&W Boxcar, 1979	10	12	——	——	——
9416	MD&W Boxcar, 1979, 1981	8	10	——	——	——
9417	CPRail Boxcar, gold/black, 1980	25	35	——	——	——
9418	FARR Boxcar, 1979	50	60	——	——	——
9419	Union Pacific Boxcar, 1980	20	25	——	——	——
9420	B&O "Sentinel" Boxcar, 1980	20	25	——	——	——
9421	Maine Central Boxcar, 1980	10	12	——	——	——
9422	EJ&E Boxcar, 1980	10	12	——	——	——
9423	NY,NH&H Boxcar, 1980	10	12	——	——	——
9423	NY,NH&H Boxcar, NETCA, 1980	10	20	——	——	——
9424	TP&W Boxcar, orange, 1980	10	12	——	——	——
9425	British Columbia Auto Boxcar, 1980	20	25	——	——	——
9426	Chesapeake & Ohio Boxcar, 1980	12	15	——	——	——
9427	Bay Line Boxcar, 1980-81	10	12	——	——	——
9428	TP&W Boxcar, green, 1980	25	30	——	——	——
9429	The Early Years Boxcar, 1980	25	30	——	——	——
9430	Standard Gauge Years Boxcar, 1980	25	30	——	——	——
9431	The Prewar Years Boxcar, 1980	25	30	——	——	——
9432	The Postwar Years Boxcar, 1980	85	100	——	——	——
9433	The Golden Years Boxcar, 1980	75	85	——	——	——
9434	Joshua Lionel Cowen Boxcar, 1980	100	125	——	——	——
9435	LCCA, Central of Georgia, 1981	30	40	——	——	——
9436	Burlington Boxcar, red, 1981	30	40	——	——	——
9437	Northern Pacific Cattle Car, 81	30	50	——	——	——
9438	Ontario Northland Box., 1981	20	25	——	——	——
9439	Ashley Drew & Northern Box, 1981	8	10	——	——	——
9440	Reading Boxcar, 1981	35	40	——	——	——
9441	Pennsylvania Boxcar, 1981	35	40	——	——	——
9442	Canadian Pacific Boxcar, 1981	12	15	——	——	——
9443	FEC Boxcar, 1981	10	12	——	——	——
9444	Louisiana Midland Boxcar, 1981	10	12	——	——	——
9445	Vermont Northern Boxcar, 1981	10	12	——	——	——
9446	Sabine River Boxcar, 1981	10	12	——	——	——
9447	Pullman Standard Boxcar, 1981	14	17	——	——	——
9448	AT&SF Cattle Car, brown, 1981	15	20	——	——	——
9449	Great Northern Cattle, green, 1981	20	25	——	——	——
9450	Great Northern Cattle, red, 1981	35	40	——	——	——
9451	Southern Boxcar, 1984	25	30	——	——	——
9452	Western Pacific Boxcar, 1982-83	9	12	——	——	——
9453	MPA Boxcar, 1982-83	9	12	——	——	——
9454	New Hope & Ivyland Boxcar, 1982-83	9	12	——	——	——

		Exc	Mint	Color	Cond	$
9455	Milwaukee Road Boxcar, 1982-83	9	12	—	—	—
9456	Pennsylvania Auto Boxcar, 1985	25	35	—	—	—
9460	D&T Auto Boxcar, LCCA, 1982	25	30	—	—	—
9461	Norfolk & Southern Boxcar, 1983	35	40	—	—	—
9462	Southern Pacific Boxcar, 1983-84	12	15	—	—	—
9463	Texas & Pacific Boxcar, 1983-84	—	13	—	—	—
9464	NC&StL Boxcar, 1983-84	12	15	—	—	—
9465	AT&SF Boxcar, green, 1983	12	15	—	—	—
9466	Wanamaker Boxcar, 1982	100	125	—	—	—
9467	Tenn. World's Fair Boxcar, 1982	—	35	—	—	—
9468	Union Pacific Auto Box., red, 1983	40	50	—	—	—
9469	NYC Pacemaker Box., (Std. O), 85	25	35	—	—	—
9470	Chicago Beltline Boxcar, 1984	—	12	—	—	—
9471	Atlantic Coast Line Boxcar, 1984	—	12	—	—	—
9472	Detroit & Mackinac Boxcar, 1985	—	15	—	—	—
9473	Lehigh Valley Boxcar, 1984	—	15	—	—	—
9474	Erie-Lackawanna Boxcar, 1985	25	35	—	—	—
9475	D&H "I Love N.Y." Boxcar, 1985	25	30	—	—	—
9476	Pennsylvania Boxcar, 1985	25	35	—	—	—
9480	MN&S Boxcar, 1985-86	—	14	—	—	—
9481	Seaboard System Boxcar, 1985-86	—	14	—	—	—
9482	Norfolk Southern Boxcar, 1985-86	—	14	—	—	—
9483	Manufacturers Railway Box., 85-86	—	14	—	—	—
9484	Lionel 85th Anniv. Boxcar, 1985	20	25	—	—	—
9486	"I Love Michigan" Boxcar, 1986	—	20	—	—	—
9491	Christmas Car, 1986	—	35	—	—	—
9492	Lionel Lines Boxcar, 1986	—	25	—	—	—
9500	Milwaukee Road Pullman, 1973	25	30	—	—	—
9501	Milwaukee Road Pullman, 1973	22	25	—	—	—
9502	Milwaukee Road Observation, 1973	25	30	—	—	—
9503	Milwaukee Road Pullman 1974	20	25	—	—	—
9504	Milwaukee Road Pullman, 1974	20	25	—	—	—
9505	Milwaukee Road Pullman, 1974	20	25	—	—	—
9506	Milwaukee Road Baggage, 1975	20	25	—	—	—
9507	Pennsylvania Pullman, 1974	25	30	—	—	—
9508	Pennsylvania Pullman, 1974	25	30	—	—	—
9509	Pennsylvania Observation, 1974	25	30	—	—	—
9510	Pennsylvania Baggage, 1975	20	25	—	—	—
9511	Milwaukee Road Pullman, 1974	30	35	—	—	—
9512	Summerdale Junction TTOS, 1974	35	40	—	—	—
9513	Pennsylvania Pullman, 1975	20	25	—	—	—
9514	Pennsylvania Pullman, 1975	20	25	—	—	—
9515	Pennsylvania Pullman, 1975	20	25	—	—	—
9516	Baltimore & Ohio Pullman, 1975	22	30	—	—	—
9517	Baltimore & Ohio Coach, 1975	30	40	—	—	—
9518	Baltimore & Ohio Obs., 1975	30	40	—	—	—
9519	Baltimore & Ohio Baggage, 1975	25	30	—	—	—
9520	TTOS Coach, 1975	35	45	—	—	—
9521	Pennsylvania Baggage, 1975	75	95	—	—	—
9522	Milwaukee Road Baggage, 1975	75	75	—	—	—

		Exc	Mint	Color	Cond	$
9523	Baltimore & Ohio Baggage, 1975	60	70	——	——	——
9524	Baltimore & Ohio Pullman, 1976	20	25	——	——	——
9525	Baltimore & Ohio Pullman, 1976	20	25	——	——	——
9526	TTOS Coach, 1976	35	45	——	——	——
9527	Milwaukee Campaign, 1976	25	30	——	——	——
9528	Pennsylvania Campaign, 1976	25	30	——	——	——
9529	Baltimore & Ohio Campaign, 1976	25	30	——	——	——
9530	Southern Baggage, 1978	25	35	——	——	——
9531	Southern Combination, 1978	25	35	——	——	——
9532	Southern Pullman, 1978	25	35	——	——	——
9533	Southern Pullman, 1978	25	35	——	——	——
9534	Southern Observation, 1978	25	35	——	——	——
9535	TTOS Observation, 1977	35	45	——	——	——
9536	Blue Comet Baggage, 1978	20	30	——	——	——
9537	Blue Comet Combination, 1978	20	30	——	——	——
9538	Blue Comet Pullman, 1978	25	35	——	——	——
9539	Blue Comet Pullman, 1978	25	35	——	——	——
9540	Blue Comet Observation, 1978	20	30	——	——	——
9541	Santa Fe Baggage, 1980, 1982	15	20	——	——	——
9542	Baltimore & Ohio Pullman, 1976	25	30	——	——	——
9544	TCA Chicago Pullman, 1980	—	60	——	——	——
9545	UP Baggage, 1985	60	65	——	——	——
9546	UP Combine, 1985	60	65	——	——	——
9547	UP Observation, 1985	60	65	——	——	——
9548	UP "Placid Bay" Coach, 1985	60	65	——	——	——
9549	UP "Ocean Sunset" Coach, 1985	60	65	——	——	——
9551	W & A Baggage	20	25	——	——	——
9552	W & A Coach	20	35	——	——	——
9553	W & A Flatcar with Fences, 1978-79	15	20	——	——	——
9554	Alton Limited Baggage, 1981	25	35	——	——	——
9555	Alton Limited Combine, 1981	25	35	——	——	——
9556	Alton Limited Coach, 1981	35	40	——	——	——
9557	Alton Limited Coach, 1981	35	40	——	——	——
9558	Alton Limited Observation, 1981	25	35	——	——	——
9559	Rock Island Combine, 1981	20	30	——	——	——
9560	Rock Island Coach, 1981	20	30	——	——	——
9561	Rock Island Coach, 1981	20	30	——	——	——
9562	N & W "577" Baggage, 1981	75	90	——	——	——
9563	N & W "578" Combine, 1981	75	90	——	——	——
9564	N & W "579" Coach, 1981	75	90	——	——	——
9565	N & W "580" Coach, 1981	75	90	——	——	——
9566	N & W "581" Observation, 1981	75	90	——	——	——
9567	N & W Vista Dome, 1981	150	200	——	——	——
9569	Pennsylvania Combine, 1981	65	75	——	——	——
9570	Pennsylvania Baggage, 1979	60	75	——	——	——
9571	Pennsylvania Pullman, 1979	60	75	——	——	——
9572	Pennsylvania Pullman, 1979	60	75	——	——	——
9573	Pennsylvania Vista Dome, 1979	60	75	——	——	——
9574	Pennsylvania Observation, 1979	60	75	——	——	——
9575	Pennsylvania "Edison", 1979	100	125	——	——	——

		Exc	Mint	Color	Cond	$
76	Burlington Baggage, 1980	55	60	---	---	---
77	Burlington Coach, 1980	55	60	---	---	---
78	Burlington Coach, 1980	55	60	---	---	---
79	Burlington Vista Dome, 1980	55	60	---	---	---
80	Burlington Observation, 1980	55	60	---	---	---
81	Chessie Baggage, 1980	30	40	---	---	---
82	Chessie Combine, 1980	30	40	---	---	---
83	Chessie Coach, 1980	30	40	---	---	---
84	Chessie Coach, 1980	30	40	---	---	---
85	Chessie Observation, 1980	30	40	---	---	---
86	Chessie Special Dining Car, 1986	—	85	---	---	---
88	Burlington Vista Dome, 1980	75	90	---	---	---
89	Southern Pacific Baggage, 1982	75	90	---	---	---
90	Southern Pacific Combination, 1982	75	90	---	---	---
91	Southern Pacific Pullman, 1982-83	75	90	---	---	---
92	Southern Pacific Pullman, 1982-83	75	90	---	---	---
93	Southern Pac. Observation, 1982-83	75	90	---	---	---
94	NYC Baggage, 1983	75	90	---	---	---
95	NYC Combine, 1983	75	90	---	---	---
96	NYC Pullman, 1983	65	75	---	---	---
97	NYC Pullman, 1983	65	75	---	---	---
98	NYC Observation, 1983	65	75	---	---	---
99	Chicago & Altom Dining Car, 1986	—	85	---	---	---
00	Chessie Hi-cube, 1976	15	20	---	---	---
01	Illinois Central Hi-cube, 1976-77	10	12	---	---	---
02	AT&SF Hi-cube, 1977	10	12	---	---	---
03	Penn Central Hi-cube, 1976-77	10	12	---	---	---
04	N&W Hi-cube, 1976-77	10	12	---	---	---
05	New Haven Hi-cube, 1976-77	10	12	---	---	---
06	Union Pacific Hi-cube, 1976-77	10	12	---	---	---
07	Southern Pacific Hi-cube, 1976-77	12	15	---	---	---
08	Burlington Northern Hi-cube, 1977	10	12	---	---	---
10	Frisco Hi-cube, 1977	20	25	---	---	---
11	TCA Hi-cube, 1978	25	30	---	---	---
20	NHL Wales Hi-cube, 1980	9	12	---	---	---
21	NHL Campbell Hi-cube, 1980	9	12	---	---	---
22	NBA Western Hi-cube, 1980	9	12	---	---	---
23	NBA Eastern Hi-cube, 1980	9	12	---	---	---
24	National League Hi-cube, 1980	9	12	---	---	---
25	American League Hi-cube, 1980	9	12	---	---	---
26	AT&SF Hi-cube, 1982-83	8	10	---	---	---
27	Union Pacific Hi-cube, 1982-83	8	10	---	---	---
28	Burlington Northern Hi-cube, 1982-83	8	10	---	---	---
29	Chessie System Hi-cube, 1983	—	10	---	---	---
660	Mickey Mouse Hi-cube, 1977-78	15	20	---	---	---
661	Goofy Hi-cube, 1977-78	15	20	---	---	---
662	Donald Duck Hi-cube, 1977-78	15	20	---	---	---
663	Dumbo Hi-cube, 1978	20	25	---	---	---
664	Cinderella Hi-cube, 1978	20	25	---	---	---
665	Peter Pan Hi-cube, 1978	20	25	---	---	---

		Exc	Mint	Color	Cond	$
9666	Pinocchio Hi-cube, 1978	70	80	---	---	---
9667	Snow White Hi-cube, 1978	200	225	---	---	---
9668	Pluto Hi-cube, 1978	65	80	---	---	---
9669	Bambi Hi-cube, 1978	20	25	---	---	---
9670	Alice In Wonderland Hi-cube, 1978	20	25	---	---	---
9671	Fantasia Hi-cube, 1978	20	25	---	---	---
9672	Mickey Mouse "50th" Hi-cube, 1978	250	275	---	---	---
9678	TTOS Hi-cube, 1978	30	40	---	---	---
9700	Southern Boxcar, red, 1972-73	12	15	---	---	---
9701	B&O Automobile Boxcar, 1971-73	15	20	---	---	---
9702	Soo Boxcar, white, 1972-73	12	15	---	---	---
9703	CP Rail Boxcar, red, 1970-71	55	65	---	---	---
9704	N&W Boxcar, brown, 1972	10	12	---	---	---
9705	D&RGW Boxcar, orange, 1972-73	12	15	---	---	---
9706	C&O Boxcar, 1972-74	12	15	---	---	---
9707	MKT Cattle Car, red, 1972-74	12	15	---	---	---
9708	U.S. Mail Boxcar, 1972-74	12	15	---	---	---
9709	State of Maine Boxcar, 1973-74	30	40	---	---	---
9710	Rutland Boxcar, 1973-74	20	25	---	---	---
9711	Southern Boxcar, brown, 1974	15	20	---	---	---
9712	B&O Automobile Boxcar, 1973-74	20	25	---	---	---
9713	CP Rail Boxcar, green, 1973-74	15	20	---	---	---
9714	D&RGW Boxcar, 1973-74	12	15	---	---	---
9715	Chesapeake & Ohio Boxcar, 1973-74	12	15	---	---	---
9716	Penn. Central Boxcar, 1973-74	12	15	---	---	---
9717	Union Pacific Boxcar, 1973-74	12	15	---	---	---
9718	Canadian National Boxcar, 1973-74	12	15	---	---	---
9719	New Haven Automobile Boxcar	17	25	---	---	---
9720	Assorted Case of Cars	NRS	NRS	---	---	---
9721	Assorted Case of Cars	NRS	NRS	---	---	---
9723	Western Pacific Boxcar, 1974	25	30	---	---	---
9724	Missouri Pacific Boxcar, 1974	35	40	---	---	---
9725	MKT Cattle Car, yellow, 1974-75	12	15	---	---	---
9726	Erie-Lack. Boxcar, blue, 1978	20	25	---	---	---
9727	TAG Boxcar, LCCA, 1973	150	175	---	---	---
9728	UP LCCA Cattle Car, yellow, 1978	25	30	---	---	---
9729	CP Rail Boxcar, black/white, 1979	25	30	---	---	---
9730	CP Rail Box, gray/white, 1974-75	20	25	---	---	---
9730	CP Rail Boxcar, gray/black	20	25	---	---	---
9731	Milwaukee Road Boxcar, 1974-75	12	15	---	---	---
9732	Southern Pacific Boxcar, 1979	30	40	---	---	---
9733	Airco LCCA Boxcar with Tank, 1979	35	40	---	---	---
9734	Boston & Aroostock Boxcar, 1979	30	35	---	---	---
9735	GTW Boxcar, 1974-75	12	15	---	---	---
9737	Central of Vermont Boxcar, 1974-75	10	12	---	---	---
9738	Illinois Terminal Boxcar, 1982	40	50	---	---	---
9739	D&RGW Boxcar, yellow, 1975	12	15	---	---	---
9740	Chessie Boxcar, yellow, 1974-75	12	15	---	---	---
9742	M&StL Boxcar, green, 1975	20	25	---	---	---
9743	Sprite Boxcar, 1974	15	20	---	---	---

		Exc	Mint	Color	Cond	$
44	Tab Boxcar, 1974	15	20	—	—	—
45	Fanta Boxcar, 1974	15	20	—	—	—
47	Chessie System Boxcar, 1975-76	15	20	—	—	—
48	CP Rail Boxcar, blue, 1975-76	12	15	—	—	—
49	Pennsylvania Central Boxcar, 1975	12	15	—	—	—
50	DT&I Boxcar, 1975-76	10	12	—	—	—
51	Frisco Boxcar, 1975-76	12	15	—	—	—
52	L&N Boxcar, 1975-76	12	15	—	—	—
53	Maine Central Boxcar, 1975-76	12	15	—	—	—
54	NYC Pacemaker Boxcar, 1976-77	10	12	—	—	—
55	Union Pacific Boxcar, 1975-76	12	15	—	—	—
57	Central of Georgia Boxcar, 1974	20	25	—	—	—
58	Alaska Boxcar, 1976-77	15	20	—	—	—
59	Paul Revere Boxcar, 1975-76	15	20	—	—	—
60	Liberty Bell Boxcar, 1975-76	15	20	—	—	—
61	George Washington Boxcar, 1975-76	15	20	—	—	—
62	Welcome Toy Fair Boxcar, 1975	100	125	—	—	—
63	Rio Grande Cattle Car, 1976	12	15	—	—	—
64	GTW Auto Boxcar, 1976-77	15	20	—	—	—
67	Railbox Boxcar, 1976-77	12	15	—	—	—
68	Boston & Maine Boxcar, 1976-77	12	15	—	—	—
69	B&LE Boxcar, 1976-77	12	15	—	—	—
70	Northern Pacific Boxcar, 1976-77	12	15	—	—	—
71	Norfolk & Western Boxcar, 1976-77	10	12	—	—	—
72	Great Northern Boxcar, 1975	30	35	—	—	—
73	NYC Cattle Car, yellow, 1976	20	30	—	—	—
74	Southern Belle TCA Boxcar, 1975	25	30	—	—	—
75	M&St.L Boxcar, red, 1975	20	25	—	—	—
76	SP "Overnight" Boxcar, black, 1975	25	35	—	—	—
77	Virginian Boxcar, 1976-77	15	20	—	—	—
78	Season's Greetings Boxcar, 1975	150	200	—	—	—
79	TCA Philadelphia Boxcar, 1976	30	40	—	—	—
80	Johnny Cash Boxcar, 1976	30	40	—	—	—
81	Delaware & Hudson Boxcar, 1977-78	10	12	—	—	—
82	The Rock Boxcar, 1977-78	12	15	—	—	—
83	B&O "Time Saver" Boxcar, 1977-78	15	18	—	—	—
84	AT&SF Boxcar, red, 1977-78	12	15	—	—	—
85	Conrail Boxcar, blue, 1977-79	12	15	—	—	—
86	C&NW Boxcar, brown, 1977-79	10	12	—	—	—
87	Central of NJ Boxcar, 1977-79	15	18	—	—	—
88	Lehigh Valley Boxcar, 1977-79	12	15	—	—	—
89	Pickens Boxcar, 1977	25	30	—	—	—
801	B&O Sentinel Boxcar, (Std. O), 1975	25	30	—	—	—
802	Miller High Life Reefer, (Std. O), 75	15	25	—	—	—
803	Johnson's Wax Boxcar, (Std. O), 1975	15	25	—	—	—
805	Grand Trunk Reefer, (Std. O), 1975	25	30	—	—	—
806	Rock Island Boxcar, (Std. O), 1975-76	40	50	—	—	—
807	Stroh's Beer Reefer, (Std. O), 1975-76	60	70	—	—	—
808	Union Pacific Box., (Std. O), 1975-76	65	75	—	—	—
809	Clark Reefer, (Std. O), 1975-76	20	25	—	—	—

		Exc	Mint	Color	Cond
9811	Pacific Fruit Express Reefer, 1980	20	25	——	——
9812	Arm & Hammer Reefer, 1980	10	14	——	——
9813	Ruffles Reefer, 1980	10	15	——	——
9814	Perrier Reefer, 1980	20	25	——	——
9815	NYC Reefer, (Std. O), 1985	30	40	——	——
9816	Brachs Reefer, 1980	9	14	——	——
9817	Bazooka Gum Reefer, 1980	10	14	——	——
9818	Western Maryland Reefer, 1980	20	25	——	——
9819	Western Fruit Express Reefer, 1981	15	20	——	——
9820	Wabash Gon., black, (Std. O), 1973-74	30	35	——	——
9821	SP Gondola, tuscan, (Std. O), 73-74	30	35	——	——
9822	GTW Gondola, blue, (Std. O), 1974	30	35	——	——
9823	AT&SF Flat w/Crates,(Std. O), 76	30	35	——	——
9824	NYC Gondola, black, (Std. O), 1975	30	50	——	——
9825	Schaefer Reefer, (Std. O), 1976-77	25	35	——	——
9826	P&LE Boxcar, (Std. O), 1976-77	80	100	——	——
9827	Cutty Sark Reefer, 1984	15	18	——	——
9828	J&B Reefer, 1984	15	18	——	——
9829	Dewars Reefer, 1984	15	18	——	——
9830	Johnny Walker Red Label Reefer, 84	15	18	——	——
9831	Pepsi Cola Reefer, 1982	15	18	——	——
9832	Cheerios Reefer, 1982	10	14	——	——
9833	Vlasic Pickles Reefer, 1982	15	18	——	——
9834	Southern Comfort Reefer, 1983	15	18	——	——
9835	Jim Beam Reefer, 1983	15	18	——	——
9836	Old Grand-Dad Reefer, 1983	15	18	——	——
9837	Wild Turkey Reefer, 1983	15	18	——	——
9840	Fleischmann's Gin Reefer, 1985	15	20	——	——
9841	Calvert Gin Reefer, 1985	15	20	——	——
9842	Seagram's Gin Reefer, 1985	15	20	——	——
9843	Tanqueray Gin Reefer, 1985	15	20	——	——
9844	Sambuca Reefer, 1986	—	20	——	——
9845	Baileys Irish Cream Reefer, 1986	—	25	——	——
9846	Seagrams Vodka Reefer, 1986	—	20	——	——
9847	Wolfschmidt Vodka Reefer, 1986	—	20	——	——
9849	Lionel Reefer, orange, 1984	35	45	——	——
9850	Budweiser Reefer, 1973-76	11	14	——	——
9851	Schlitz Reefer, 1973-76	10	12	——	——
9852	Miller Reefer, 1973-76	10	12	——	——
9853	Cracker Jack Reefer (caramel), 1973	25	35	——	——
9853	Cracker Jack Reefer (white), 1974	10	14	——	——
9854	Baby Ruth Reefer, 1973-76	10	12	——	——
9855	Swift Reefer, 1974-76	30	40	——	——
9856	Old Milwaukee Reefer, 1974-76	12	14	——	——
9858	Butterfinger Reefer, 1973-76	12	14	——	——
9859	Pabst Reefer, 1974-75	12	14	——	——
9860	Gold Medal Reefer, 1973-76	10	12	——	——
9861	Tropicana Reefer, 1976-77	25	30	——	——
9862	Hamm's Reefer, 1975-76	15	20	——	——
9863	REA Reefer, 1975-76	25	30	——	——

		Exc	Mint	Color	Cond	$
864	TCA Seattle Reefer	30	35	—	—	—
865	Boxcar					
866	Coors Reefer, 1977	15	20	—	—	—
867	Hershey's Reefer, 1976-77	15	20	—	—	—
869	Santa Fe Reefer, white, 1975	30	35	—	—	—
870	Old Dutch Cleanser Reefer, 1977-78	12	14	—	—	—
871	Carling's Reefer, 1977-78, 1980	12	14	—	—	—
872	Pacific Fruit Express Reefer, 1977-78	12	14	—	—	—
873	Ralston Purina Reefer, 1978	12	14	—	—	—
874	Miller Lite Beer Reefer, 1978-79	12	14	—	—	—
875	A&P Reefer, 1979	12	14	—	—	—
876	Central Vermont Reefer, 1978	25	35	—	—	—
877	Gerber's Reefer, 1979-80	12	14	—	—	—
878	Good and Plenty Reefer, 1979	12	14	—	—	—
879	Hill's Bros. Reefer, 1979-80	12	14	—	—	—
880	Santa Fe Reefer, orange, 1979	30	35	—	—	—
881	Rath Packing Reefer, 1979	25	35	—	—	—
882	NYRB "Early Bird" Reefer, 1979	25	30	—	—	—
883	Nabisco Reefer, 1979	15	20	—	—	—
884	Fritos Reefer, 1981-82	10	12	—	—	—
885	Lipton Tea Reefer, 1981-82	10	12	—	—	—
886	Mounds Reefer, 1981-82	10	12	—	—	—
887	Fruit Growers Reefer, 1984	30	35	—	—	—
888	Green Bay & West. Reefer, 1983	40	50	—	—	—
6200	Rock Island Boxcar, 1987	—	10	—	—	—
6402	Southern Hopper, 1987	—	25	—	—	—
6500	Rock Island, Bobb. Caboose, 1987	—	40	—	—	—
6502	Lehigh Valley, SP Caboose, 1987	—	15	—	—	—
6503	NY Central, Transfer Caboose, 1987	—	12	—	—	—
6504	Southern, N5C Caboose, 1987	—	35	—	—	—
6602	Erie Coal Dump, 1987	—	18	—	—	—
6603	Detroit Zoo, Giraffe Car, 1987	—	25	—	—	—
6604	NY Central Log Dump, 1987	—	18	—	—	—
6607	Southern Coal Dump, 1987	—	25	—	—	—
6701	Southern Tool Boxcar, 1987	—	45	—	—	—
7002	Conrail Hopper, 1987	—	70	—	—	—
7201	Conrail (O) Boxcar, 1987	—	40	—	—	—
7600	NY Central Caboose, 1987	—	60	—	—	—
7602	Conrail Caboose, 1987	—	75	—	—	—
8200	Conrail SD-40 Diesel, 1987	—	275	—	—	—
8300	Pennsy. G6-1 Diesel, 1987	—	400	—	—	—
8400	Santa Fe 2-4-2, Snowplow, 1987	—	120	—	—	—
8401	Lionel Hand Car, 1987	—	45	—	—	—
8500	Milwaukee Road, GP-9, 1987	—	195	—	—	—
8800	Lehigh Valley, GP-9, 1987	—	90	—	—	—
8801	Santa Fe, U36-B, 1987		85	—	—	—
8802	Southern, GP-9, Diesel, 1987	—	100	—	—	—
9200	Tidewater Southern Boxcar, 1987	—	15	—	—	—
9201	Lancaster & Chester Boxcar, 1987	—	15	—	—	—
9202	Pennsy. Boxcar, 1987	—	25	—	—	—

		Exc	Mint	Color	Cond	
19203	Det. & Toledo Shoreline Box, 1987	—	15	—	—	—
19204	Milwaukee Road Boxcar, 1987	—	25	—	—	—
19300	Pennsy. Ore Car, 1987	—	16	—	—	—
19301	Milwaukee Road Ore Car, 1987	—	16	—	—	—
19302	Milwaukee Road Hopper, 1987	—	30	—	—	—
19303	Lionel Lines Hopper, 1987	—	35	—	—	—
19305	Lehigh Valley Ore Car, 1987	—	20	—	—	—
19651	AT&SF Tool Car, 1987	—	25	—	—	—
19701	Milwaukee Road, N5C Caboose, 1987	—	35	—	—	—
19702	Pennsy. N5C Caboose, 1987	—	50	—	—	—
19801	Poultry Dispatch Boxcar, 1987	—	25	—	—	—
19804	Wabash Hopper, 1987	—	30	—	—	—
19805	Santa Fe Boxcar, 1987	—	32	—	—	—
19901	I Love Virginia Boxcar, 1987	—	20	—	—	—
19903	Lionel Boxcar, 1987	—	30	—	—	—
JC-1	Lionel Johnny Cash Album, 1976	3	6	—	—	—
No Number	LASER Playmat	—	5	—	—	—
No Number	Cannonball Playmat	—	5	—	—	—
No Number	Station Platform	—	10	—	—	—
No Number	Rocky Mountain Playmat	—	3	—	—	—
No Number	Commando Assault Playmat	—	10	—	—	—
No Number	Black Cave Playmat	—	10	—	—	—
No Number	Lionel Pennant	2	4	—	—	—
No Number	Lionel Clock, 1976-77	25	30	—	—	—

NEW LIONEL FOR 1988

12703	Icing Station, 1988	—	NA	—	—	—
12719	Refreshment Stand, 1988	—	NA	—	—	—
12720	Rotary Beacon (Metal), 1988	—	NA	—	—	—
12725	Lionel Truck & Trailer, 1988	—	NA	—	—	—
12729	Mail Pick-Up Set, 1988	—	NA	—	—	—
16103	Lehigh Valley Dome Tank, 1988	—	NA	—	—	—
16306	Santa Fe Barrel Ramp, 1988	—	NA	—	—	—
16307	Nickel Plate Flat, 1988	—	NA	—	—	—
16600	IC Coal Dump, 1988	—	NA	—	—	—
16601	CN Searchlight Car, 1988	—	NA	—	—	—
16611	San Francisco Log Dump, 1988	—	NA	—	—	—
17601	So. Woodside Caboose, 1988	—	NA	—	—	—
17603	Rock Island Caboose, 1988	—	NA	—	—	—
17604	Lackawanna Woodside Caboose, 1988	—	NA	—	—	—
18003	Delaware Lackawanna, 4-8-4, 1988	—	NA	—	—	—
18302	Great Northern Engine, Electric, 1988	—	NA	—	—	—
18402	Burro Crane, 1988	—	NA	—	—	—
18404	San Francisco Trolley, 1988	—	NA	—	—	—
18601	Great Northern, 4-4-2, 1988	—	NA	—	—	—
19205	Great Northern Boxcar, 1988	—	NA	—	—	—
19206	Seaboard Boxcar, 1988	—	NA	—	—	—
19207	CP Rail Boxcar, 1988	—	NA	—	—	—
19208	Southern Boxcar, 1988	—	NA	—	—	—

	Exc	Mint	Color	Cond	$
209 Fla. East Coast Boxcar, 1988	—	NA	—	—	—
300 Lionelville Cattle Car, 1988	—	NA	—	—	—
307 Penn. Smoking Caboose, 1988	—	NA	—	—	—
308 N.Y.C. Ice Car, 1988	—	NA	—	—	—
310 Bosco Milk Car, 1988	—	NA	—	—	—
301 Southern FM, 1988	—	NA	—	—	—
304 Great Northern Covered Hopper, 1988	—	NA	—	—	—
401 Great Northern Gondola, 1988	—	NA	—	—	—
402 Great Northern Crane Car, 1988	—	NA	—	—	—
505 Great Northern Reefer, 1988	—	NA	—	—	—
506 Thomas Newcomer Reefer, 1988	—	NA	—	—	—
507 Thomas Edison Reefer, 1988	—	NA	—	—	—
703 Great Northern Caboose, 1988	—	NA	—	—	—

SECTION IV

COLLECTIBLES AND PAPER

500 Bumper Sticker	—	1.50	—	—	—
501 Lighter		3.50	—	—	—
502 Lapel Pin	—	4	—	—	—
503 License Plate	—	4	—	—	—
504 Key Chain	—	4.50	—	—	—
505 Ashtray	—	6.50	—	—	—
506 Coffee Mug	—	7.50	—	—	—
507 Sport Cap	—	8	—	—	—
508 Brass Key Chain	—	8	—	—	—
509 Engineer's Glass	—	9	—	—	—
510 Sleeping Boy Poster	—	9	—	—	—
511 Nickel Plate Poster	—	9	—	—	—
512 Rail Blazer Poster	—	9	—	—	—
513 Portable Tool Kit	—	11.50	—	—	—
518 Flashlight	—	20	—	—	—
519 Pen & Pencil Set	—	20	—	—	—
520 Travel Alarm Clock	—	20	—	—	—
521 Beverage Coaster Set	—	70	—	—	—
522 Wrist Watch	—	110	—	—	—

The following is a partial list of Lionel paper from 1945-1969. For the complete listing, see **Greenberg's Guide to Lionel Trains, 1945-1969, Volume II.**

NOTE: Catalogue measurements are given with width followed by height.

1945	Good	Exc
Advance Catalogue		NRS
Consumer Catalogue 8-1/2" x 11", red & black, 4 pp folder		
A) Consumer original		NRS
B) Consumer reproduction	.25	.50
Candid Camera Shots of Lionel Trains 5 7/8" x 8-3/4", 20 pp	.50	2
Plans and Blue Prints 5-7/8" x 8-13/16", 20 pp	2	5

1946

	Good
Advance Catalogue 10-1/2'x 8-5/16' red and black, 24 pp	30
Consumer Catalogue 8-3/8'x 11-1/4', full-color, 20 pp	5
Consumer Catalogue reproduced, 20 pp	1
Consumer Catalogue 8-3/8'x 11-1/4' 16 pp	5
Consumer Catalogue reproduced, 16 pp	1
Instructions for Assembling and Operating Lionel Trains	1
Scenic Effects 6" x 9", 24 pp	2

1947

	Good
Advance Catalogue The Lionel Line for 1947, 14' x 11', 22 pp	10
Consumer Catalogue 11-1/4'x 7-5/8', full-color, 32 pp	10
Instructions for Assembling and Operating Lionel Trains	1
Fun With Lionel Model Railroading red and black, 32 pp	3

1948

	Good
Advance Catalogue "Lionel for 1948", 14" x 11", 20 pp	25
Consumer Catalogue 11-1/8" x 8", full-color, 36 pp	15
Instructions 5-1/2" x 8-1/2", 40 pp plus cover	.75
Promotional Poster 18' x 19-1/8"	2
Paper City 38'x 25', six cut-and-assemble buildings	3

1949

	Good
Advance Catalogue 17'x 8-1/4', 24 pp	35
Consumer Catalogue 11-1/4" x 8", full-color, 38 pp	30
Instructions 5-1/2" x 8-1/8", 56 pp	.75
Lionel 3D Poster with Glasses	4
Track Layouts 11" x 8-1/2", 16 pp	1

1950

	Good
Advance Catalogue Gold cover, black and white inside pages	30
Consumer Catalogue 11-1/4" x 8", full-color, 44 pp	30
Consumer Catalogue 11" x 8", red and black, 40 pp	30
Instructions 5-1/2" x 8-1/2", 64 pp	1
Art Prints of 19th Century Locomotives four color prints	3

1951

	Good
Advance Catalogue 11" x 8", red, 24 pp	20
Consumer Catalogue 11-1/8" x 7-3/4", full-color, 36 pp	15
Instructions 5-1/2" x 8-1/2", 64 pp	1
Romance of Model Railroading with Lionel Trains 9" x 6", 32 pp	3

1952

	Good
Advance Catalogue 11-1/8" x 8", 40 pp	20
Consumer Catalogue 11-1/8" x 7-3/4", full-color, 36 pp	7
Lionel Accessories 9" x 7", 16 pp	.75
Paper City 42" x 22", four vehicles, three buildings	3
Offical Book of Rules 4-3/16" x 6-1/8", 16 pp	2

1953

	Good
Advance Catalogue 11-1/4" x 7-5/8", 44 pp	15
Consumer Catalogue 11-1/4" x 7-5/8", full-color, 40 pp	6
Distributor's Advertising Promotions 8-1/2" x 11", 16pp	1

	Good	Exc
How to Operate Lionel Trains 8-1/2" x 5-3/8", 64 pp	.50	2
Lionel Accessories 9" x 6", red and black, 16 pp	3	9

1954

	Good	Exc
Advance Catalogue 11-1/4" x 7-5/8", 44 pp	10	20
Consumer Catalogue 11-14" x 7-5/8", full-color, 44 pp	6	18
Distributor's Advertising Promotions 8-3/8" x 11", 16 pp	1	3
Accessories Catalogue 9" x 6", 20 pp	2	4
How to Operate Lionel Trains 5-1/2" x 8-1/2", 64 pp	.50	2

1955

	Good	Exc
Advance Catalogue 11-1/4" x 7-3/4", black and white, 20 pp	10	20
Consumer Catalogue 11-1/4" x 7-5/8", full-color, 44 pp	6	12
Elliott Rowland Catalogue 8-3/8" x 11-1/8", pulp paper	1	3
How to Operate Lionel Trains and Accessories 8-1/2" x 5-1/2", 64 pp	.50	2
Accessory Catalogue 11-1/4" x 7-3/4", 20 pp	5	20

1956

	Good	Exc
Advance Catalogue 11" x 8", red cover, 48 pp	10	20
Consumer Catalogue 11-1/4" x 7-5/8", full-color, 40 pp	5	10
How to Operate Lionel Trains 8-1/2" x 5-1/4", 64 pp	.50	1
Elliott Rowland Catalogue 8-1/4" x 11", 24 pp	3	6

1957

	Good	Exc
Advance Catalogue 11" x 8-1/4", red and black covers, 54 pp	10	20
And Now HO - By Lionel 10-3/4" x 7-5/8", 4 pp	.50	2
Consumer Catalogue 11-1/4" x 7-1/2", full-color, 52 pp	2	7
Accessory Catalogue 10" x 7-1/2", 32 pp	.50	2
How to Operate Lionel Trains 8-1/2" x 5-1/2", 64 pp	.50	2

1958

	Good	Exc
Advance Catalogue 10-7/8" x 8-1/4", red and black cover, 64 pp	10	20
Consumer Catalogue 11-1/4" x 7-5/8", full-color, 56 pp	4	8
Accessory Catalogue 11-1/8" x 8", red and black cover, 32 pp	1	3
HO Catalogue 8-1/8" x 10-7/8", full-color, 6 pp	1	3

1959

	Good	Exc
Advance Catalogue 8-1/2" x 10-7/8", full-color cover, 44 pp	7	18
Consumer Catalogue 11" x 8-1/2", full-color, 56 pp	5	12
Accessory Catalogue 11" x 8", red and black front cover, 36 pp	1.50	3
HO Catalogue 8-1/8" x 11", full-color, 8 pp	2	4

1960

	Good	Exc
Advance Catalogue 8-1/2" x 11", color cover, 60 pp	5	12
Consumer Catalogue 11" x 8-3/8", full-color, 56 pp	5	12
Accessory Catalogue 8-5/8" x 11", 40 pp	2	4
How to Operate Lionel Trains 8-1/2" x 5-3/8", 64 pp	2	4
Lionel Track Layout for O27, O and HO Gauges 8-3/8" x 11", 4 pp	.50	1
HO Catalogue 8-1/2" x 10-7/8", full-color, 12 pp	2	4
How to Operate Lionel HO Trains 8-1/2" x 5-1/2", 24 pp	1	3

	Good	Ex
1961		
Advance Catalogue 8-1/2" x 11", color cover, 76 pp	7	2
Consumer Catalogue 8-1/2" x 11", red and black covers, 56 pp	1	
1962		
Advance Catalogue 8-1/2" x 11", four color cover, 64 pp	2	
Consumer Catalogue 8-1/2" x 11", 100 pp	2	
Accessory Catalogue 8-3/8" x 10-7/8", full-color cover, 62 pp		NR
Accessory Catalogue 8-3/8" x 10-7/8", 40 pp	2	
1963		
Advance Catalogue 8-1/2" x 11", yellow, b/w cover, 80 pp		NR
Consumer Catalogue 8-3/8" x 10-7/8", pulp paper, 56 pp	2	
Accessory Catalogue 8-3/8" x 10-7/8", 40 pp	1	
1964		
Consumer Catalogue 8-3/8" x 10-7/8", black and blue ink, 24 pp	2	
Lionel Raceways Catalogue 8-1/2" x 11", 12 pp	1	
1965		
Consumer Catalogue 8-1/2" x 10-7/8", 40 pp	2	
Lionel-Porter Science Sets 8-3/8" x 10-7/8", 8 pp	.50	
Lionel-Spear Catalogue 8-1/2" x 11-1/8", 4 pp	.50	
1966		
Consumer Catalogue 10-7/8" x 8-3/8", full-color, 40 pp	1	
1967		
Catalogue not issued — 1966 catalogue was used		
1968		
Trains and Accessories Catalogue 8-1/2" x 11", full-color, 8 pp	2	
1969		
Consumer Catalogue 11" x 8-1/2", full-color, 8 pp	2	

NOTES